MP 3形式
CD-ROM

TEST OF PRACTICAL JAPANESE

J.TEST

A - C

JN119462

実用日本語検定問題集
〔A-Cレベル〕
2020年

日本語検定協会 編

語文研究社

はじめに

　この『J.TEST　実用日本語検定　問題集[A-C　レベル]2020年』には、2020年のA-Cレベル試験6回分を収めました。

　「J.TEST　実用日本語検定」の練習に利用してください。

　なお、下記の問題は、出版までに著者の同意が得られなかったため、過去に出題された問題と差し替えています。差し替えた問題には、★印がついています。

第2回問題2、第3回問題4・8

　「J.TEST　実用日本語検定」についての最新の情報は下記のURLをご覧ください。

J.TEST事務局本部　http://j-test.jp/

日本語検定協会／J.TEST事務局

●「文法・語彙」と「応答問題」にミニテストがあります。

第1回
https://jtest-online.jp/2020/ac/01-g
https://jtest-online.jp/2020/ac/01-lis

第2回
https://jtest-online.jp/2020/ac/02-g
https://jtest-online.jp/2020/ac/02-lis

第3回
https://jtest-online.jp/2020/ac/03-g
https://jtest-online.jp/2020/ac/03-lis

第4回
https://jtest-online.jp/2020/ac/04-g
https://jtest-online.jp/2020/ac/04-lis

第5回
https://jtest-online.jp/2020/ac/05-g
https://jtest-online.jp/2020/ac/05-lis

第6回
https://jtest-online.jp/2020/ac/06-g
https://jtest-online.jp/2020/ac/06-lis

目　次

はじめに

試験問題

正解とスクリプト

実用日本語検定

TEST OF PRACTICAL JAPANESE

J.TEST

受験番号		氏　名	

注　意

試験が始まるまで、この問題用紙を開けないでください。

日本語検定協会／J.TEST事務局

J.TEST

実用日本語検定

読 解 試 験

1 文法・語彙問題

A 次の文の（　　）に１・２・３・４の中から最も適当な言葉を入れなさい。

（1）　デパートよりスーパーのほうが安い（　　）決まっている。
1　に　　　　　　　2　で　　　　　　　3　の　　　　　　　4　が

（2）　このトイレは人が入ると電気がつく（　　）。
1　ものである　　　　　　　　　　　2　ようになっている
3　ことにしている　　　　　　　　　4　かのようだ

（3）　父は酒なんか二度と（　　）まいと思っているようだ。
1　飲ま　　　　　　2　飲む　　　　　　3　飲み　　　　　　4　飲んで

（4）　風邪（　　）なので、早く寝ようと思います。
1　っこない　　　2　っぽい　　　　3　どころ　　　　4　ぎみ

（5）　世話になった人をだますとは、許し（　　）行為だ。
1　つつある　　　2　がたい　　　　3　かねない　　　　4　うる

（6）　うちの母（　　）、私のかばんを勝手に開けるのよ。
1　としたって　　2　ったら　　　　3　としても　　　　4　となったら

（7）　これは生産する（　　）売りきれてしまう人気商品だ。
1　かわきりに　　2　ところを　　　3　とあれば　　　　4　そばから

（8）　弟はスマホを触り始めたが（　　）、食事中もトイレに行く時も手放さない。
1　まだしも　　　2　最後　　　　　3　ために　　　　　4　限り

（9）　彼女は帰ってくれと（　　）ばかりに、僕に背を向けたままだった。
1　言う　　　　　2　言わん　　　　3　言って　　　　　4　言わない

（10）　病気の同僚を見舞い（　　）、プロジェクトの報告をしてきた。
1　んがため　　　2　をかねて　　　3　がてら　　　　　4　なくして

（11）　神聖な場所でふざけて騒ぐとは、ある（　　）ことだ。
1　まじき　　　　2　べくもない　　3　ごとき　　　　　4　きらいがある

(12) 立ち上がった（　　　）コーヒーをこぼしてしまった。

1　はめに　　　　　2　しなに　　　　　3　ざまに　　　　　4　拍子に

(13) 取引先の社長にまつわる（　　　）からぬ噂を耳にした。

1　いい　　　　　　2　よく　　　　　　3　よ　　　　　　　4　よい

(14) 領土問題は国際法に（　　　）平和的に解決することを目指す。

1　とどまらず　　　2　なればこそ　　　3　ひかえて　　　　4　のっとって

(15) 以上を（　　　）まして、本日の公演は全て終了いたします。

1　もち　　　　　　2　とり　　　　　　3　なり　　　　　　4　うけ

(16) 岡崎：「試験に合格できて本当によかったですね」

田村：「岡崎さんが色々とアドバイスを（　　　）」

1　くれなかったせいです　　　　　　　2　くれたとおりです

3　くれたおかげです　　　　　　　　　4　くれるわけがありません

(17) 今井：「木村さん、プロジェクトから外されたらしいよ」

佐藤：「ああ、それで彼女、（　　　）」

1　外されがちなんですね　　　　　　　2　不満を言ったらきりがないですよ

3　外したがっているんですね　　　　　4　不満げなんですね

(18) Ａ：「今年の新入社員、なんだか頼りないですね」

Ｂ：「何も言わないと何もしないし、厳しくすると（　　　）。困ってるよ」

1　泣き出すまでのことだ　　　　　　　2　泣き出す始末だ

3　泣き出すが早いか　　　　　　　　　4　泣き出さずともよい

(19) 鈴木：「次は誰が部長になるんでしょうか」

高橋：「（　　　）他にいないでしょう」

1　山田さんをおいて　　　　　　　　　2　山田さんならでは

3　山田さんとでもいおうか　　　　　　4　山田さんにひきかえ

(20) Ａ：「来週のイベントは雨天決行ですよね」

Ｂ：「ええ。（　　　）、中止にはなりませんよ」

1　雨が降った矢先に　　　　　　　　　2　雨であろうと雪であろうと

3　雨のみか雪も　　　　　　　　　　　4　雨が降るとか何とか言って

B　次の文の（　　　）に１・２・３・４の中から最も適当な言葉を入れなさい。

(21)　コンサートの最後に思い出の曲（きょく）が（　　　）された。
　　　1　演奏（えんそう）　　　　2　演劇（えんげき）　　　　3　演説（えんぜつ）　　　　4　演技（えんぎ）

(22)　課長（かちょう）は気が（　　　）ので、怒らせないようにいつも気を使っている。
　　　1　弱い　　　　　　2　短い　　　　　　3　小さい　　　　　4　重い

(23)　彼は必（かなら）ずミスをするので、重要（じゅうよう）な仕事を（　　　）ない。
　　　1　まかせられ　　2　ゆるめられ　　3　めぐまれ　　　　4　だまされ

(24)　3年（　　　）の希望が叶（かな）い、ロンドンへの転勤（てんきん）が決まりました。
　　　1　超え　　　　　2　抜（ぬ）き　　　　3　越し　　　　　4　飛び

(25)　町の中央にそびえるその教会は、いつも（　　　）雰囲気（ふんいき）に包まれている。
　　　1　ほのかな　　　2　おごそかな　　3　しなやかな　　4　なめらかな

(26)　こちらがお客様のご依頼の品でございます。（　　　）とよろしいのですが…。
　　　1　お目にかかる　　　　　　　　　2　お召しになる
　　　3　おぼしめす　　　　　　　　　　4　お気に召す

(27)　動作が（　　　）1秒違うだけで生産性に大きな差が出る。
　　　1　ドット　　　　2　ピリオド　　　3　ポイント　　　　4　コンマ

(28)　女性が使う商品である以上、女性（　　　）での開発が欠かせない。
　　　1　立場　　　　　2　観点　　　　　3　目線　　　　　　4　視線

(29)　この会社は福利（　　　）がいいので、就職活動中の学生に人気がある。
　　　1　厚生　　　　　2　給与　　　　　3　賞与　　　　　　4　栄典

(30)　会議でプレゼンする前に、部長の（　　　）を得ておいてください。
　　　1　コンセンサス　　　　　　　　　2　トップダウン
　　　3　コンプライアンス　　　　　　　4　ネゴシエーション

C 次の文の＿＿＿＿の意味に最も近いものを１・２・３・４の中から選びなさい。

(31) この犬はおとなしいです。
1 変
2 怖い
3 わがまま
4 静か

(32) だれか相談にのってくれる人がいないものか。
1 いなかったのか
2 いるはずだ
3 いてほしい
4 いるかもしれない

(33) 先週、山本夫人に会いました。
1 山本さんご本人
2 山本さんの奥さん
3 山本さんご夫妻
4 山本さんのご主人

(34) A：「明日までに報告書を作れますか」
B：「やってやれないことはないと思いますが、できれば明後日までにしていた
だけますか」
1 簡単にやることができる
2 やらなければならない
3 やろうと思えばなんとかできる
4 やったほうがいい

(35) 昨日のことは水に流しましょう。
1 忘れ
2 反省し
3 謝り
4 覚えておき

(36) かろうじて試験に合格した。
1 何とか
2 もちろん
3 余裕で
4 たまたま

(37) この件は社長に報告するにあたらない。
1 報告しないほうがいい
2 報告する必要がない
3 報告する機会がない
4 報告する方法がない

(38) 変更がある場合はあらかじめ知らせていただけるとありがたいです。
1 追々
2 大至急
3 前もって
4 真っ先に

(39) 彼の発言は場当たり的だ。
1 思いつき
2 積極的
3 予想通り
4 ありきたり

(40) 上司に言われるがまま残業をしている。
1 言われないように
2 言われなくても
3 言われたのに
4 言われた通り

2 読解問題

問題　1

次の文書を読んで問題に答えなさい。
答えは１・２・３・４の中から最も適当なものを１つ選びなさい。

各位

福祉人材養成機関協議会理事　丸山

「第５回東日本ブロック研修会」について

本年度の研修会を下記の通り行います。講師は慶徳大学の滝沢先生にお願いしています。参加希望者は９月10日までにお申し込みください。資料等準備の都合により、当日受付の方は受付開始10分前にお越しください。

記

1．日時　　　　９月14日（木）　13:30～15:30　（受付 13:10～）
2．場所　　　　慶徳大学　７号館１階　712 教室
3．参加費　　　1200 円（当日受付にて）

＊ 駐車スペースの都合上、公共交通機関のご利用をお願いします。

以上

---

(41)　申し込みをしなかった参加希望者について、文書の内容と合っているのはどれですか。

1　当日13時に会場へ行く。
2　当日13時20分に会場へ行く。
3　参加はできるが資料をもらえない。
4　資料はもらえるが参加はできない。

(42)　文書の内容と合っているのはどれですか。

1　研修会は無料で参加できる。
2　丸山さんが講師を務める。
3　初めて行なわれる研修会だ。
4　車で行ってはいけない。

問題　2

次の文書を読んで問題に答えなさい。

答えは１・２・３・４の中から最も適当なものを１つ選びなさい。

会議室一時利用停止のお知らせ

事業部各位

総務部

空調設備工事のため、下記期間の利用を一時停止いたします。

停止期間中の会議室利用については、外部会議室の利用を検討中です。

決定次第、お知らせいたします。

記

停止期間　　　：2020 年 1 月 21 日（火）から 1 月 24 日（金）まで

対象会議室　　：本社 2 階会議室（全室）

利用再開　　　：2020 年 1 月 27 日（月）を予定していますが、

　　　　　　　　正式には改めてお知らせいたします。

以上

---

(43) 下線部「空調設備工事」について、文書の内容と合っているのはどれですか。

1　本社全体で行われる。

2　2020年1月24日から開始する。

3　2020年1月27日に終了する。

4　4日間の日程で行われる。

(44) 文書の内容と合っているのはどれですか。

1　空調設備工事中も本社２階の会議室は使用できる。

2　会議室の利用停止期間中は会議を行えない。

3　会議室の利用停止期間中は社外の会議室を利用することになるかもしれない。

4　空調設備工事中は総務部で本社２階会議室利用の予約を受け付ける。

問題　3

次の文章を読んで問題に答えなさい。
答えは１・２・３・４の中から最も適当なものを１つ選びなさい。

　本屋さんには怒られるかもしれませんが、たとえば私が子どものころは、本は貸し本屋で借りて読むものでした。戦後すぐでまだ十分に本が出版されておらず、そうそう買えるものではなかったので、貸し本屋という商売が残っていたのです。自転車もそうです。貸し自転車を借りて遊んでいました。借りてすむものは借りるというのが、ふつうだったのです。

　それが、世の中が物質的に豊かになってくると、何でも個人で(＊１)所有することが豊かさだと思うようになります。だから高度経済成長期になると、貸し本屋や貸し自転車屋というようなものは、(＊２)たちどころに消えていきました。一人ひとりが、何でもぜんぶ所有するというふうになってしまいました。

　現在の環境問題に至るすべてのものの考え方の誤りはそこにあるのです。

　「レンタルの思想」というのは、ある意味で資本主義という制度の考え方とは矛盾します。資本主義というのは個人の(＊３)欲望を刺激するうえに成立しています。モノを買おうという個人個人の欲望を拡大するから発展するのであって、みんなが節約をしたり借り物で済ますようになったら、いまの資本主義が成り立たないのは(＊４)自明です。

（＊１）所有する…持つ
（＊２）たちどころに…すぐに
（＊３）欲望…欲しいと思う気持ち
（＊４）自明…あきらか

（松井孝典『われわれはどこへ行くのか？』筑摩書房より一部改）

---

(45) 下線部「考え方の誤り」とありますが、どんな考え方が誤りだと言っていますか。

　　1　借り物で済ませようとする考え方

　　2　貸さずに借りようとする考え方

　　3　一人ですべてを買い占めようとする考え方

　　4　個人で所有するのが豊かさだという考え方

(46) 文章の内容と合っているのはどれですか。

　　1　個人の欲望の拡大と資本主義は矛盾する。

　　2　個人の欲望はレンタルの思想を発展させる。

　　3　レンタルの思想と資本主義は両立しない。

　　4　資本主義は物質的に豊かにならなければ成り立たない。

問題　4

次のメールを読んで問題に答えなさい。
答えは１・２・３・４の中から最も適当なものを１つ選びなさい。

2020/01/30　15:31

件名：Re：「ノビールはしご」請求書について

アラタマホーム　中村　様

野毛製作所、平田です。いつもお世話になっております。

昨日ご連絡いただきました、昨年12月20日付「ノビールはしご」請求書につきまして、担当の武藤に確認させましたところ、以下の記載ミスが判明しました。

「M39@¥22,000」とすべきところ「M36@¥22,000」と記載。
「D42@¥18,000」とすべきところ「D24@¥18,000」と記載。

納品状況につきましては武藤が本日午前貴社倉庫へ伺い、M39、D42ともご注文通りお受け取りいただけたとのこと確認できました。

誠に申し訳ありませんが、武藤が戻り次第新しい請求書を作成、本日中に本人がお持ちいたします。

今後このようなことがないように管理いたしますので何とぞご容赦ください。

---

(47) 武藤さんについて、メールの内容と合っているのはどれですか。
　　1　午前と午後、2度外出をする。
　　2　アラタマホームへ商品を届けに行った。
　　3　アラタマホームへ平田さんと一緒に謝りに行く。
　　4　現在、会社で請求書を作り直している。

(48) メールの内容と合っているのはどれですか。
　　1　請求書の金額が間違っていた。
　　2　請求書の宛先が間違っていた。
　　3　注文した商品と請求書の商品名が異なっていた。
　　4　注文通りの商品が届かなかった。

問題　5

次の文章を読んで問題に答えなさい。
答えは１・２・３・４の中から最も適当なものを１つ選びなさい。

　地震、台風、ゲリラ豪雨。日本では毎年のように大規模な自然災害が起きています。身の危険を感じたら、迷わず、すぐに避難所へ向かうべきですが、家を出る際にぜひ忘れずにしてほしいことがあります。それは、ブレーカーを落とすという作業です。

　たとえば寒い冬のある日。電気ストーブで温められた部屋の中で、だれかが昼寝をしています。隣の部屋では、他のだれかが洗濯物にアイロンをかけています。そこへ突然の大地震。そして、停電。当然電気ストーブもアイロンも消えます。二人は慌てて避難所へ逃げました。またいつ余震がやってくるか分からない不安の（　Ａ　）、そのままそこで長時間過ごすことになるかもしれません。その間に、電力会社の努力実って、もし電気が復旧したらどうなるでしょう？　電気ストーブやアイロンが作動しはじめます。もしかしたら、地震の揺れで棚から落ちた新聞紙や、散乱した衣類等の可燃物がその上を覆っているかもしれません。それらが加熱されていくと、いつか、火がつきます。その火は、無人の家の中で誰にも気づかれないうちに、あっという間に燃え広がってしまうことでしょう。

　こうした原因で起こる火災を、「通電火災」と言います。1995年の阪神淡路大震災では157件の建物火災が発生していますが、火災の原因が判明した55件の中には、33件の通電火災が含まれていました。また2011年の東日本大震災でも、多くの通電火災が発生したと考えられています。日本ではそう遠くない将来、首都直下型の巨大地震が起こる可能性が指摘されていますが、その際、大規模な通電火災が起きるのではないかと専門家は指摘しています。東京周辺には古くからの木造の住宅密集地が今もたくさんありますが、そうした地域で火災に巻き込まれたら大惨事となります。恐ろしいことです。

　通電火災を防ぐためにできる対策はただ一つ。避難前に必ずブレーカーを落とす、その一手間をかけることです。日ごろから心がけておきましょう。

---

(49)　（　A　）に入る言葉はどれですか。

　　1　内

　　2　上

　　3　外

　　4　中

(50)　通電火災について、文章の内容と合っているのはどれですか。

　　1　過去の震災で起きた火災のうち、通電火災が原因の火災は半数以上を占める。

　　2　阪神淡路大震災では30件以上の通電火災が発生した。

　　3　東日本大震災で起きた最も大きい火災は、通電火災によるものだった。

　　4　東京では木造住宅の密集地で通電火災による大きな被害が出たことがある。

(51)　文章の内容と合っているのはどれですか。

　　1　可燃物のそばで、熱を発生する家電製品を使うべきではない。

　　2　防犯のため、災害時でも家を無人にするべきではない。

　　3　大地震が起きたら、ブレーカーを落としてから避難すべきだ。

　　4　住宅密集地は火災になると危険なので、住まないほうがいい。

問題　6

次の文章を読んで問題に答えなさい。
答えは１・２・３・４の中から最も適当なものを１つ選びなさい。

科学の落し穴

　映画館や学校では通信妨害電波を発信して、ケータイを実質的に使えなくする方法が広がり始めている。これによって映画館や学校の静寂が守られるというわけだ。また、クルマの速度制御装置を制限速度以下になるように設定しておけば、スピード違反をしなくて済む。速度制御装置を取り付けようと考えたのは道徳心から来たものだが、後はそれにお任せしておけばクルマのスピードのことを考える必要がない。

　確かに、(ア) それらによって公衆の安寧と安全が保たれ、地球環境に優しい行為が自動的になされるようになるのだから、結構なことと言うべきかもしれない。

　しかし、技術が発達すれば、その分だけ私たちの能力が失われていくことに注意する必要がある。鉛筆がシャープペンシルに取り替わって子どもたちはナイフを使うことができなくなり、クルマを使うことが増えて走力が衰え、エアコンがあらゆる場所に普及して体が汗をかかなくなった。パソコンを使うようになって漢字の書き方を忘れることも増えた。技術が手や足や体や頭脳の役割を肩代わりしてくれることによって、知らず知らずのうちに私たちが原初的に持っていた能力を失っているのだ。

　これと同じだとすれば、(イ) 技術が道徳の代行をするうちに、私たちが生来的に持ち、あるいは成長の過程で獲得してきた道徳的な判断力が衰えていくことにならないだろうか。

（池内了『科学の落し穴　ウソではないがホントでもない』晶文社より一部改）

---

(52)　下線部（ア）「それら」に含まれるのはどれですか。
1　通信妨害電波
2　クルマ
3　道徳心
4　スピード違反

(53)　下線部（イ）「技術が道徳の代行をする」とありますが、その例はどれですか。
1　汗をかかないようにエアコンを使う。
2　パソコンで漢字を書く。
3　鉛筆ではなくシャープペンシルを使う。
4　速度制御装置でスピードを制限する。

問題　7

次のメールを読んで問題に答えなさい。

答えは１・２・３・４の中から最も適当なものを１つ選びなさい。

各位

平素（へいそ）より格別のご高配を賜り（たまわり）誠（まこと）にありがとうございます。
株式会社サポーレの井上瑞樹（いのうえみずき）でございます。

さて、この度弊社（へいしゃ）は業務拡張（かくちょう）に伴い（ともない）、10 月 10 日（水）、南青山（みなみあおやま）に
新店舗（てんぽ）を開店致しました（いた）。

南青山店開店につきましては皆様からの温かいご支援（しえん）ご協力を賜り
心からお礼申し上げます。

これを（　Ａ　）に、社員一同、より一層業務に邁進（まいしん）致す所存でございます。
今後も何卒ご指導ご鞭撻（べんたつ）を賜りますようお願い申し上げます。

まずは略儀（りゃくぎ）ながらメールにてご挨拶（あいさつ）させていただきます。

---

(54)　（　Ａ　）に入る言葉はどれですか。

　　1　折
　　2　兆し
　　3　際
　　4　機

(55)　このメールの件名として適当なものはどれですか。

　　1　スタッフ増員に伴う（ともな）求人募集
　　2　新店舗（てんぽ）開店のご挨拶（あいさつ）
　　3　新店舗開店時の応援依頼
　　4　新店舗オープニングセレモニーご招待

問題　8

次の文章を読んで問題に答えなさい。
答えは１・２・３・４の中から最も適当なものを１つ選びなさい。

「へそ」はヒトの根源

　「へそ」は、言うまでもなく、人間をはじめとする哺乳類のしるしである。思えば、ヒトは胎児のとき、この「へそ」を通して、母親から、生きていくための糧を得ていたのである。まさしく、母親が「血を分けた」証拠なのである。そして、これがなければ、ヒトとして生まれなかった。

　まさしく、「へそ」はヒトの根源なのである。

　けれども、どうだろう。そうは言いながら、たとえば、風呂に入っているとき、いつも、この「へそ」をしげしげと見つめながら、これぞ、まさしく哺乳類のあかしで、これで母親から血を分けてもらったんだよなあ……などと、いちいち感慨にふけるであろうか。それはおそらくない。第一、そんなことをしていたら湯あたりしてしまう。「へそ」は、日常生活ではあまり意識されないものなのである。

　しかし、そんな「へそ」だけれども、もしなかったら、きっと落ち着かないに違いない。昔、かぜ薬のテレビＣＭで、大きなカエルの人形に向かって、子供が「おめえ、へそ、ねえじゃねえか」と話しかけるものがあった。これなど、「へそ」がないものへの、人間としての違和感をよく表すものだろう。

　一方、これもまた古くは、雷が鳴ったときに、おなかを出して寝ていたりすると、「(＊1) カミナリ様にへそを取られるよ」と言われたものであった。カミナリに「へそ」を取られてしまったら、人間ではなくなる。異形のものとなる。母親との絆を失ってしまう。と、子供がそんなことを思ったはずはないが、(＊2) くだんの言葉には、どこか、根源的な畏れを持たせるものがあったのだろう。

　やはり、「へそ」はヒトをヒトとして成り立たせる根源なのである。

（＊1）カミナリ様…雲の上にいて、雷を起こすと考えられている神
（＊2）くだんの…前に述べた

（小野正弘『オノマトペがあるから日本語は楽しい』平凡社より一部改）

(56) 下線部「これ」とは何を指していますか。

1　血

2　母親

3　へそ

4　しるし

(57) 「へそ」について、文章の内容と合っていないのはどれですか。

1　母親は胎児に「へそ」から生きる糧を与える。

2　「へそ」はヒトがヒトであることの根源だ。

3　ヒトは「へそ」が哺乳類のあかしであると常に感じている。

4　「へそ」がないものにヒトは違和感を覚える。

問題　9

次の文章を読んで問題に答えなさい。
答えは１・２・３・４の中から最も適当なものを１つ選びなさい。

技術の獲得

　経験と慣れだけで技術を獲得してきた人は世の中にたくさんいます。私はこういう人を「(ア) 偽ベテラン」と呼んでいますが、同じことを三十年も続ければそれなりにできるようになるのは当たり前で、そのこと自体にそれほどの価値があるとは思えません。

　それよりも価値があるのは、三十年かければ誰でもそれなりに習得できる技術を二年ないし三年で獲得することです。このように十分の一の時間で技術が習得できれば、残りの時間をさらなる技術の進歩のために使うことができます。そして、(イ) こうした人がいたから、人間の社会はこれまで発展を続けてきたのです。

　もちろん、なかには例外もありますが、ふつうはひとつの技術の習得に一生をかけるようなことをしていたら進歩はほとんど期待できません。ましてあらゆるものが大きく変化することを考えると、長時間かけてひとつの技術を習得することはむしろ退化につながるかもしれません。

　情報化が進んだ昨今は、とくに昔と比べて変化のスピードが違います。その中で新しい技術の獲得を経験と慣れだけに頼っていたら、あっという間に取り残されてしまうことになるでしょう。

　では、そうならないために個人としてなにをすべきでしょうか。

　もし初心者だったらやはりまずは焦る気持ちを抑えて、手本として示されている作法や型を真似る努力を愚直に続けることです。そして、これと並行して、技術をむしり取れる環境を自分自身でつくることを心がけるといいでしょう。価値が認められないものに対して人間は積極的に動けませんが、その反対に価値があるとわかっていることや人から求められている環境があると、意気に感じて必死に頑張ることができます。この心理を技術の獲得にうまく利用するのです。

　　　　　　　　　（畑村洋太郎『組織を強くする　技術の伝え方』講談社より一部改）

(58)　下線部（ア）「偽ベテラン」とは、どんな人ですか。

1　経験が長く、技術の獲得に慣れている人

2　経験が長いが、技術の獲得に慣れていない人

3　経験が長いなりの技術を習得していない人

4　経験と慣れのみを頼りに技術を獲得している人

(59)　下線部（イ）「こうした人」とありますが、どんな人ですか。

1　経験と慣れによって技術を習得した人

2　技術の習得に時間を惜しまない人

3　短い期間で技術が習得できる人

4　初めから技術を持っている人

(60)　文章の内容と合っているのはどれですか。

1　決まった作法や型を守ることは初心者でもできることであり、さほど価値が
　あることではない。

2　経験と慣れのみによって技術を獲得していると、時代に取り残されてしまう
　恐れがある。

3　人は自分自身が価値を認めたことについては、周りからどう見られようと
　も、頑張ることができる。

4　同じことをどれほど長い間続けても慣れることができない人は、技術を獲得
　できない。

3 漢字問題

A 次のひらがなの漢字をそれぞれ1・2・3・4の中から1つ選びなさい。

(61) 毎日、電車に<u>の</u>って会社に通っています。
   1 乗   2 留   3 余   4 失

(62) 彼女は<u>なか</u>のいい友達です。
   1 声   2 仲   3 頭   4 顔

(63) 軽くて<u>うすい</u>本を買った。
   1 薄い   2 厚い   3 難い   4 易い

(64) <u>せんそう</u>をテーマに論文を書いた。
   1 責任   2 戦争   3 便利   4 値打

(65) Aさんは上司に<u>さからって</u>ばかりだ。
   1 反らって   2 否らって   3 逆らって   4 対らって

(66) 現状を<u>いじ</u>する。
   1 突破   2 支持   3 維持   4 意地

(67) 各ブースはパネルで<u>へだて</u>られている。
   1 区て   2 隔て   3 離て   4 距て

(68) 関係者へ<u>いっせい</u>にメールを送る。
   1 一世   2 一生   3 一斉   4 一成

(69) 決定に異を<u>となえる</u>。
   1 唱える   2 吐える   3 訴える   4 呪える

(70) 様々な分野で<u>きせい</u>緩和が進んでいる。
   1 規程   2 規則   3 規制   4 規律

(71) 小売店に商品を<u>おろ</u>す。
　　　1　下　　　　　　2　降　　　　　　3　御　　　　　　4　卸

(72) この部品は<u>れっか</u>しているから交換するしかない。
　　　1　零下　　　　　2　劣化　　　　　3　烈火　　　　　4　廉価

(73) 信頼を<u>つちかう</u>。
　　　1　養う　　　　　2　培う　　　　　3　耕う　　　　　4　庇う

(74) 専務の話には<u>がんちく</u>がある。
　　　1　缶詰　　　　　2　蘊蓄　　　　　3　駆逐　　　　　4　含蓄

(75) 取引先から契約を更新しない旨を告げられ<u>ぼうぜん</u>とした。
　　　1　俄然　　　　　2　唖然　　　　　3　勃然　　　　　4　呆然

B　次の漢字の読み方を例のようにひらがなで書いてください。

・ひらがなは、<u>正しく</u>、<u>ていねいに</u>書いてください。

・<u>漢字の読み方だけ</u>書いてください。

（例）　　はやく<u>書</u>いてください。

（例）	か

---

(76)　強く<u>押</u>すと<u>倒</u>れます。

(77)　明日は<u>偉</u>い人に会うので<u>緊張</u>する。

(78)　あまり<u>混</u>ぜすぎないように。

(79)　<u>率直</u>な意見を<u>求</u>める。

(80)　税を<u>負担</u>する。

(81)　あそこで<u>誰</u>かが<u>旗</u>を<u>振</u>っている。

(82)　しばらく<u>控</u>え室で待つ。

(83)　仕事は<u>滞</u>りなく終了した。

(84)　新しい任地に<u>赴</u>いた。

(85)　この件は次の総会に<u>諮</u>ろう。

(86)　祖父は<u>厳格</u>な人だ。

(87)　総務部全員に<u>招集</u>をかけた。

(88)　参議院から衆議院に<u>鞍替</u>えする。

(89)　今期の業績悪化は<u>常軌</u>を<u>逸</u>している。

(90)　<u>誠</u>に<u>不躾</u>ながら、お願いできますでしょうか。

4　記述問題

A　例のように_____に適当な言葉を入れて文を作ってください。

- ・文字は、<u>正しく</u>、<u>ていねいに</u>書いてください。
- ・漢字で書くときは、<u>今の日本の漢字を</u><u>正しく</u>、<u>ていねいに</u>書いてください。

（例）　きのう、_____でパンを_____。
　　　　　　　　　　　　（A）　　　　　　　　　　　（B）

（例）	（A）	スーパー	（B）	買いました

---

(91)　先輩に私の字が_____くて_____にくいと言われた。
　　　　　　　　　　　　　　　（A）　　　　　　　　（B）

(92)　岡田：鈴木さんに連絡した？

　　　川上：それが、彼女の_____も_____もわからないので
　　　　　　　　　　　　　　　　（A）　　　　　　　（B）

　　　　　　連絡のしようがないんですよ。

(93)　この箱は非常に重い。_____はもちろん、男性でも1人では
　　　　　　　　　　　　　　　　（A）

　　　_____だろう。
　　　　　（B）

(94)　会に出席_____にしろ_____にしろ、返事をしなければならない。
　　　　　　　　　　（A）　　　　　　　　（B）

(95)　昨年_____をやめて以来、1滴も_____いない。
　　　　　　　　（A）　　　　　　　　　　　　　　　（B）

B　例のように３つの言葉を全部使って、会話や文章に合う文を作ってください。

・【　　　】の中の文だけ書いてください。
・１.→２.→３.の順に言葉を使ってください。
・言葉の＿＿の部分は、形を変えてもいいです。
・文字は、正しく、ていねいに書いてください。
・漢字で書くときは、今の日本の漢字を正しく、ていねいに書いてください。

（例）
きのう、【　１. どこ　→　２. パン　→　３. 買う 】か。

（例）	どこでパンを買いました

(96)

【　１. ファックス　→　２. 使い方　→　３. 教える 】くださいませんか。

(97)

この弁当は値段【　１. わりに　→　２. 量　→　３. 多い 】、味もいい。

(98)

妹は【　１. 暇　→　２. さえ　→　３. ある 】、漫画を読んでいる。

(99)

人気店に行ってみたいが、【　１. 並ぶ　→　２. までして　→　３. 食べる 】とは思わない。

(100)

子供たちは【　１. 雨　→　２. ぬれる　→　３. かまわず 】遊び続けている。

J.TEST

実用日本語検定

| 聴 解 試 験 |

1 写真問題 （問題1〜10）

例題

例題1
例題2

| 例題1→ | れい1 | ● | ② | ③ | ④ | （答えは解答用紙にマークしてください） |
| 例題2→ | れい2 | ① | ② | ● | ④ | （答えは解答用紙にマークしてください） |

A 問題1
　 問題2

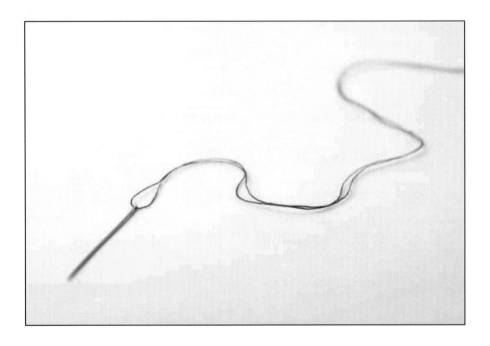

B　問題3
　　問題4

C　問題5
　　問題6

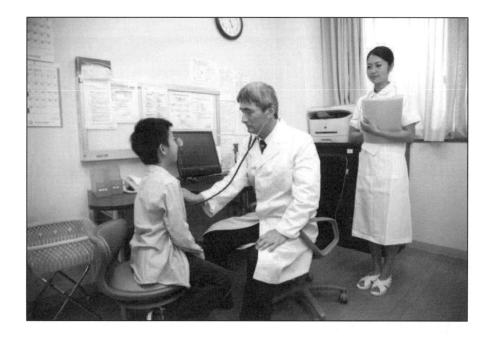

D 問題7
　　問題8

E 問題9

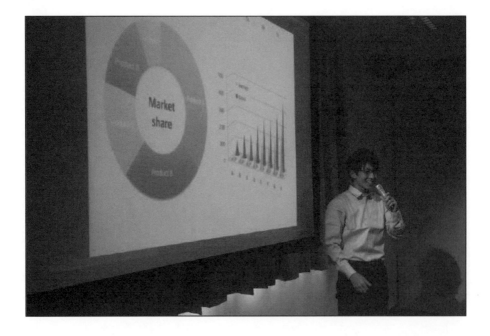

F　問題10

2 聴読解問題 （問題11〜20）

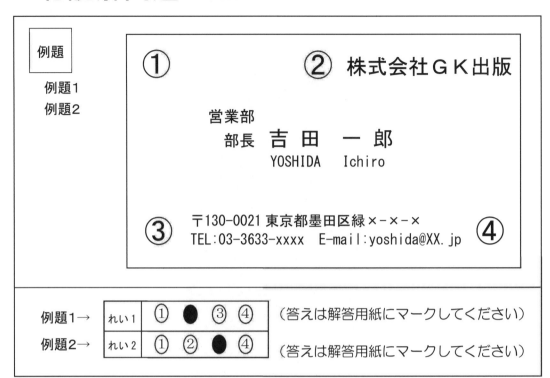

例題

例題1
例題2

例題1→	れい1	①	●	③ ④	（答えは解答用紙にマークしてください）
例題2→	れい2	①	②	● ④	（答えは解答用紙にマークしてください）

G 問題11
　 問題12

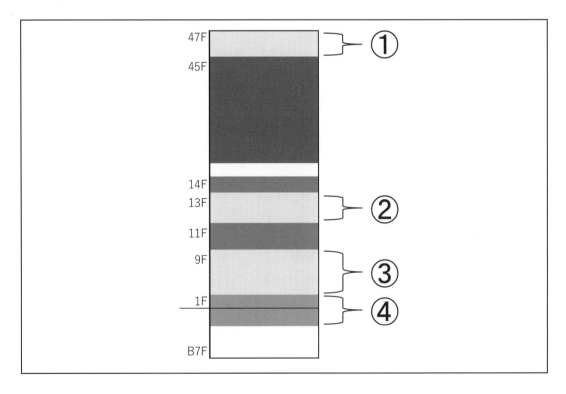

H 問題13
　 問題14

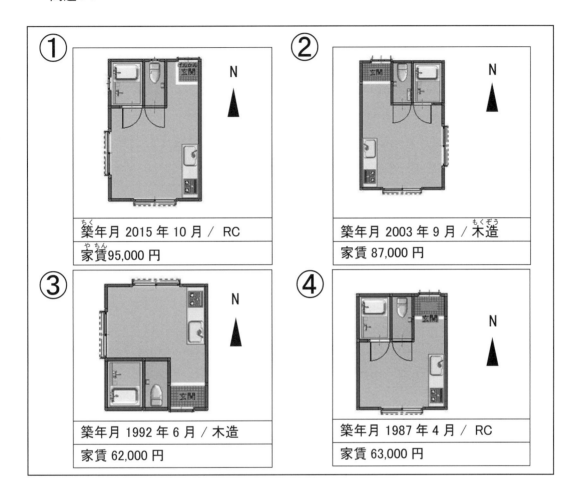

① 築年月 2015 年 10 月 / RC
　家賃 95,000 円

② 築年月 2003 年 9 月 / 木造
　家賃 87,000 円

③ 築年月 1992 年 6 月 / 木造
　家賃 62,000 円

④ 築年月 1987 年 4 月 / RC
　家賃 63,000 円

I 問題15
　 問題16

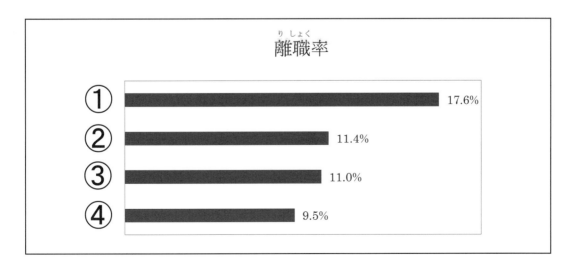

離職率

① 17.6%
② 11.4%
③ 11.0%
④ 9.5%

J 　問題17
　　問題18

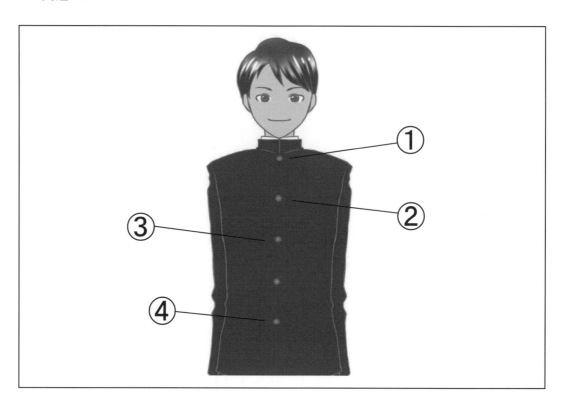

K 　　問題19　　　　　　　　　　　　問題20

①　県内企業の人材確保　　　　　①　数パーセント

②　県外への人材紹介　　　　　　②　約20パーセント

③　首都圏への進学促進　　　　　③　約30パーセント

④　県内への企業誘致　　　　　　④　約50パーセント

3 応答問題 （問題21～40）

（問題だけ聞いて答えてください）

| 例題1 | → | れい1 | ● ② ③ | （答えは解答用紙にマークしてください） |
| 例題2 | → | れい2 | ① ● ③ | （答えは解答用紙にマークしてください） |

問題21

問題22

問題23

問題24

問題25

問題26

問題27

問題28

問題29

問題30

問題31

問題32

問題33

問題34

問題35

問題36

問題37

問題38

問題39

問題40

メモ（MEMO）

4 会話・説明問題 （問題41～55）

例題	1 資料のコピー
	2 資料のチェック
	3 資料の作成

| れい | ① ● ③ | （答えは解答用紙にマークしてください） |

1

問題41　　1　久保さんに電話する。
　　　　　2　チラシを10枚印刷する。
　　　　　3　チラシを３千枚受け取る。

問題42　　1　台風で会社に戻れなくなった。
　　　　　2　久保さんからメールが届いた。
　　　　　3　何が届くか覚えていなかった。

2

問題43　　1　窓越しでも効果がある。
　　　　　2　人間は動物より短い時間で効果が出る。
　　　　　3　週３回程度、朝15分から20分するといい。

問題44　　1　ビタミンDが不足すると骨が弱くなる。
　　　　　2　ビタミンDは食事で補えばいい。
　　　　　3　骨を丈夫にするためには運動が必要だ。

3

問題45　　1　インスタント食品
　　　　　2　ファストフード
　　　　　3　学校給食（きゅうしょく）

問題46　　1　世界では太（ふと）りすぎの子供（こども）の数（かず）が減（へ）っている。
　　　　　2　世界では子供の約（やく）2割（わり）が太りすぎである。
　　　　　3　アメリカでは半数（はんすう）以上の子供が太りすぎである。

4

問題47　　1　介護（かいご）や子育（こそだ）てのため
　　　　　2　働くことに疲れてしまったため
　　　　　3　生活リズムを乱（みだ）したくないため

問題48　　1　時間の融通（ゆうずう）がきく。
　　　　　2　給料が高い。
　　　　　3　スキルが身に付く。

問題49　　1　週に数日働いている。
　　　　　2　子育てのため会社を辞（や）めた。
　　　　　3　短時間勤務（きんむ）をしている。

5

問題50　　1　58パーセント
　　　　　　2　87パーセント
　　　　　　3　25パーセント

問題51　　1　現金を数える必要がないこと
　　　　　　2　高額な買い物ができること
　　　　　　3　紛失する恐れがないこと

問題52　　1　割引特典があること
　　　　　　2　子が親に渡していること
　　　　　　3　レジの混雑が解消できること

6

問題53　　1　加盟店オーナーが消極的だったから
　　　　　　2　スーパーや百貨店との競争があるから
　　　　　　3　24時間営業こそがコンビニの象徴だから

問題54　　1　加盟店の現状を見過ごせなくなってきたため
　　　　　　2　各店舗の売上を伸ばすため
　　　　　　3　深夜の来店者数が減少しているため

問題55　　1　消費者
　　　　　　2　加盟店
　　　　　　3　仕入先

終わり

実用日本語検定

TEST OF PRACTICAL JAPANESE

J.TEST

受験番号		氏　名	

注　意

試験が始まるまで、この問題用紙を開けないでください。

日本語検定協会／J.TEST事務局

J.TEST

実用日本語検定

読 解 試 験

1　文法・語彙問題　問題　（1）〜（40）

2　読解問題　　　　問題　（41）〜（60）

3　漢字問題　　　　問題　（61）〜（90）

4　記述問題　　　　問題　（91）〜（100）

1　文法・語彙問題

A　次の文の（　　　　）に1・2・3・4の中から最も適当な言葉を入れなさい。

（1）　タムさんはひらがな（　　　　）、難しい漢字も書ける。
　　　　1　につき　　　　　2　に反して　　　　3　にかけて　　　　4　はもちろん

（2）　彼はいつも「お金がない」と言って、食事代を払った（　　　）がない。
　　　　1　むき　　　　　　2　さい　　　　　　3　たより　　　　　4　ためし

（3）　入れ（　　　）のコーヒーを飲む。
　　　　1　たて　　　　　　2　はじめ　　　　　3　ぬき　　　　　　4　きり

（4）　夏には、トマト、かぼちゃ、ナス（　　　）旬の野菜を食べたほうがいい。
　　　　1　っぽい　　　　　2　といった　　　　3　にしては　　　　4　からして

（5）　ご予約の本が（　　　）次第、ご連絡します。
　　　　1　入荷　　　　　　2　入荷の　　　　　3　入荷した　　　　4　入荷して

（6）　新しいレジの導入（　　　）、説明会が行われた。
　　　　1　にわたり　　　　2　に先立ち　　　　3　に加え　　　　　4　にこたえ

（7）　彼は生まれ（　　　）天才だよ。
　　　　1　ずくめの　　　　2　ないまでも　　　3　ともなれば　　　4　ながらの

（8）　仕事の（　　　）に家族に電話をかけた。
　　　　1　余儀　　　　　　2　手前　　　　　　3　始末　　　　　　4　合間

（9）　このプロジェクトは十分な議論（　　　）始めるわけにはいかない。
　　　　1　ならまだしも　　2　なくして　　　　3　なりに　　　　　4　ながらに

（10）　彼は人の意見を聞かない（　　　）がある。
　　　　1　まじき　　　　　2　べく　　　　　　3　きらい　　　　　4　すべ

（11）　こんなの自分で判断できるでしょう。部長に（　　　）までもないですよ。
　　　　1　相談して　　　　2　相談する　　　　3　相談し　　　　　4　相談した

(12) 帰り（　　　）に部長に呼び止められた。
1　まま　　　　　　2　っぷり　　　　　　3　やさき　　　　　4　しな

(13) 早春（　　　）候、ますますご清祥のこととお慶び申し上げます。
1　の　　　　　　　2　に　　　　　　　　3　と　　　　　　　4　で

(14) 両親に押し切られ、（　　　）がままに就職先を決めてしまった。
1　言う　　　　　　2　言った　　　　　　3　言わない　　　　4　言われる

(15) スマホを見ながら歩くのは、迷惑以外のなにもの（　　　）。
1　ではない　　　2　でもない　　　　3　である　　　　　4　だろう

(16) A：「明日は、（　　　）コンサートですね」
　　　B：「ええ、わくわくしますね」
1　待ちに待った　　　　　　　　　2　待てば待つほど
3　待ったからといって　　　　　　4　待ったわりに

(17) A：「電車が遅れて、危うく会議に（　　　）よ」
　　　B：「間に合ってよかったけど、これからは早めに行動したほうがいいね」
1　遅れてもなんともない　　　　　2　遅れるところだった
3　遅れざるを得なかった　　　　　4　遅れてたまるか

(18) A：「彼女、会社辞めるんだってね」
　　　B：「うん。あんなに仕事ができる人がやめるなんて、（　　　）よ」
1　聞くにたえる　　　　　　　　　2　理由いかんだ
3　残念きわまりない　　　　　　　4　辞めればそれまでだ

(19) A：「あいつ、机の上は散らかっているし、提出期限は守らないし…」
　　　B：「いい年して、（　　　）」
1　生真面目だといえよう　　　　　2　出世するはめになるだろう
3　だらしないといったらない　　　4　成長の兆しがみられる

(20) 町田：「この件、ぜひ岡本さんにお願いしたいのですが」
　　　岡本：「（　　　）、お引き受けいたします」
1　私であろうとなかろうと　　　　2　私なんぞでよければ
3　私でなしに　　　　　　　　　　4　私をたよりに

B　次の文の（　　　）に１・２・３・４の中から最も適当な言葉を入れなさい。

(21)　食事を残したら（　　　）。
　　　1　もったいない　2　したしい　　　3　まぶしい　　　4　うらやましい

(22)　大事な荷物ですので、箱が（　　　）ように気をつけてください。
　　　1　つぶれない　　2　枯れない　　　3　くさらない　　4　さびない

(23)　緊張して、頭が（　　　）になったことがある。
　　　1　真っ赤　　　　2　真っ白　　　　3　真っ黒　　　　4　真っ青

(24)　（　　　）決勝で負け、決勝には進むことができなかった。
　　　1　前　　　　　　2　次　　　　　　3　未　　　　　　4　準

(25)　日本列島に記録的な（　　　）が流れ込んでいる。
　　　1　気象　　　　　2　気流　　　　　3　寒気　　　　　4　海流

(26)　宿泊業は近年経営者の高齢化により閉鎖する宿が後を（　　　）。
　　　1　見ない　　　　2　絶たない　　　3　追わない　　　4　走らない

(27)　カーテンを替えたら部屋の雰囲気が（　　　）変わった。
　　　1　げっそりと　　2　ずばっと　　　3　がらっと　　　4　すらりと

(28)　この映画は主役よりも（　　　）役のほうが目立っていた。
　　　1　副　　　　　　2　脇　　　　　　3　横　　　　　　4　側

(29)　部長に楯突いた彼は英雄（　　　）だが、周囲はしらけているようだ。
　　　1　気立て　　　　2　気負い　　　　3　気まま　　　　4　気取り

(30)　（　　　）と次第によってはこの問題はさらに広がるだろう。
　　　1　時　　　　　　2　事　　　　　　3　物　　　　　　4　人

C　次の文の＿＿＿＿の意味に最も近いものを１・２・３・４の中から選びなさい。

(31)　体重が増える一方だ。
　　　1　どんどん増える　　　　　　　　2　なかなか増えない
　　　3　増えたり減ったりしている　　　4　増えたかもしれない

(32)　彼はとても背が高く、スマートだ。
　　　1　太っている　　　　　　　　　　2　やせている
　　　3　髪の毛がまっすぐだ　　　　　　4　おとなしい

(33)　今週末はふさがっているので、来週、お願いします。
　　　1　予定が入っているので　　　　　2　人が集まらないので
　　　3　店が休みなので　　　　　　　　4　体調がよくならないと思うので

(34)　最近、母からたよりがない。
　　　1　期待されない　　　　　　　　　2　お金が送られてこない
　　　3　手紙がこない　　　　　　　　　4　注意されない

(35)　会場内の全面禁煙は見送ることにした。
　　　1　実施する　　　2　変更する　　　3　前倒しする　　4　行わない

(36)　課長は仕事のかたわら、ボランティア活動に励んでいる。
　　　1　仕事をやめて　　　　　　　　　2　仕事をしながら
　　　3　仕事はしないで　　　　　　　　4　仕事の前に

(37)　この計画に対する参加者の意見はまちまちだ。
　　　1　同じだ　　　　　2　ほとんどない　　3　ばらばらだ　　4　明らかだ

(38)　彼は責任者としてマスコミのやり玉にあげられた。
　　　1　インタビューを受けた　　　　　2　取材を申し込まれた
　　　3　集中攻撃を受けた　　　　　　　4　賞賛を受けた

(39)　島田さんは部長の右腕となって働いている。
　　　1　予定を管理する秘書として　　　2　見習いの研修生として
　　　3　経営のアドバイザーとして　　　4　頼りになる部下として

(40)　首相の意向を忖度した内容の記事だ。
　　　1　解説した　　　　2　推し量った　　3　反論した　　　4　批判した

2 読解問題

問題 1

次のメールを読んで問題に答えなさい。
答えは1・2・3・4の中から最も適当なものを1つ選びなさい。

2020/03/13　14:19

件名：退職のご挨拶

木下さん

お疲れ様です。海外事業部の渡辺です。
このたび、一身上の都合により3月末で退職することになり、
本日が最終出社日となりました。
直接ご挨拶をすべきところ、メールにて失礼いたします。

営業部では、私の教育係として一から丁寧に教えていただき本当に（　A　）
しております。
大学生気分の社会人1年目だった私に、仕事以外にも様々なアドバイスを
してくださったことを決して忘れません。

海外事業部に移ってからも木下さんに教わったことをいつも心掛けていました。
4月からは別の会社で働くことになりますが、今までの経験を活かして
頑張ります。

退職後の連絡先は下記になります。
メール：h-watanabe@xxx.co.jp
携帯　：090-0909-XXXX

最後になりましたが、木下さんのご健勝とご活躍を心よりお祈り申し上げます。
今まで本当にありがとうございました。
またいつかお会いできる日を楽しみにしています。

(41)　（　A　）に入る言葉はどれですか。
　　　1　感謝
　　　2　協力
　　　3　興奮
　　　4　遠慮

(42)　渡辺さんについて、メールの内容と合っているのはどれですか。
　　　1　3月31日まで会社に来る。
　　　2　大学卒業後に入った会社を辞める。
　　　3　木下さんに会って話したあとでメールを送った。
　　　4　次の仕事はこれから探す。

(43)　木下さんについて、メールの内容と合っているのはどれですか。
　　　1　海外事業部で働いている。
　　　2　渡辺さんと一緒に仕事をしていたことがある。
　　　3　渡辺さんに仕事を教えてもらっている。
　　　4　会社を辞めようとしている。

★問題　2

次の文章を読んで問題に答えなさい。
答えは１・２・３・４の中から最も適当なものを１つ選びなさい。

　みなさんは、福袋を知っていますか。福袋は、正月に売られます。中が見えない袋の中に色々な商品が入っています。この福袋が、近年、図書館で人気となっています。それが、(ア) 本の福袋です。

　本の福袋は、大人向けと子供向けに分かれています。借りた人は、家に帰って袋を開けるまで、どんな本が入っているかわかりません。中に入っている本は、いつも図書館で借りるときと同じように、２週間借りることができます。

　今年の正月、私は娘と一緒に図書館へ行き、本の福袋を自分用と娘用に２つ借りました。去年はすぐに全部なくなってしまい、借りることができませんでしたから、(イ) 今年は図書館の正月の休みが終わった次の日に行きました。家に帰って、どきどきしながら袋を開けると、二人ともいつもは選ばない種類の本が入っていました。私は、歴史小説でした。読んでみると、とてもおもしろくて、１週間で読み終わりました。娘の本は、外国の話でした。とても気に入ったようで、次に図書館へ行ったときに、同じ作家の本を借りたいと言っていました。

　本の福袋は、普段出合えない本を知ることができるので、すばらしいアイデアだと思います。来年もまた利用したいと思っています。

---

(44) 下線部（ア）「本の福袋」について、本文の内容と合っているのはどれですか。

1 図書館でいらなくなった本を、本屋で売っている。

2 借りるときは、どんな本が入っているかわからない。

3 早く買わないと、袋の中の本が減ってしまう。

4 正月にしか借りることができない本が入っている。

(45) 下線部（イ）「今年は図書館の正月の休みが終わった次の日に行きました」とありますが、なぜですか。

1 去年は、早くに本の福袋がなくなったから

2 正月の休みの間に、借りていた本を全部読んでしまったから

3 袋の中にどんな本が入っているか知りたかったから

4 正月の休みの前に、行くのを忘れてしまったから

(46) 筆者について、文章の内容と合っているのはどれですか。

1 去年初めて本の福袋を借りた。

2 娘に外国の本を選んであげた。

3 子供の時から歴史小説が好きだった。

4 本の福袋の中身に満足している。

問題　3

次のメールを読んで問題に答えなさい。

答えは１・２・３・４の中から最も適当なものを１つ選びなさい。

2020/03/16

件名：在庫状況について（HDK08、SKB09）

サクラシス株式会社

森田　様

いつも大変お世話になっております。花園サービス　横浜支店の中井と申します。
この度は、下記の商品について在庫のお問い合わせをいただきありがとうございます。

（お問い合わせ内容）
HDK08　25箱
SKB09　10箱
お届け希望日　3月27日まで

さっそく在庫を調べましたところ、HDK08、SKB09ともにご用意が可能でございます。3月19日までにご注文いただければ、ご希望の日までにお届けいたします。
よろしくご検討いただきますよう、お願い申し上げます。

---

(47)　このメールをもらった後、森田さんはまず何をしますか。
1　商品の代金を支払う。
2　注文をキャンセルする。
3　商品が届くのを待つ。
4　商品を注文する。

(48)　メールの内容と合っているのはどれですか。
1　現在、商品の在庫がない。
2　3月19日にならないと、在庫状況がわからない。
3　森田さんは3月27日までに商品がほしい。
4　森田さんは花園サービスに連絡をしたことがない。

問題　4

次の文章を読んで問題に答えなさい。
答えは１・２・３・４の中から最も適当なものを１つ選びなさい。

自分がいちばん大事、けれど…

　率直に言いますが、皆さん何がかわいいといって自分ほどかわいいものはないでしょう。あるところでそういう話をしたら、いやそうではない、私はこういうものがかわいいのだと言う人がありましたけれども、それは私はウソだと思うのです。

　ほんとうにかわいいものは自分だ、自分よりかわいいものはないはずだ、そのつぎにだれがかわいいということは、それは言えます。ほんとうのところをいうと、自分がいちばんかわいいのだと思います。私はそれはそれでよろしい、お互いが自分がいちばん大事だということはよろしいと思うのです。

　しかし、いちばん自分が大事だということと同時に、他人も大事にするということが大切だということです。自分はかわいいことは分かっている。そして、また友人もかわいい。しかし友人より他人になったら、もうあまりかわいくない、まして自分に反対するやつは憎くてしようがないと、こういうような現状ではないかと思うのです。これでは私は平和というものは来ないと思うのです。

（松下幸之助『松下幸之助　若き社会人に贈ることば――自分の幸せは自分でつくれ』
PHP 研究所より一部改）

---

(49)　下線部「それ」とは何ですか。
　　　1　自分ほどかわいいものはないということ
　　　2　筆者があるところでした話
　　　3　自分以外のものがかわいいということ
　　　4　かわいいものは一つもないということ

(50)　筆者の考えに最も近いものはどれですか。
　　　1　自分を何よりもいちばん大事にすべきである。
　　　2　人間は、自分以外のものを大事に思うことはない。
　　　3　自分や友人などだけをいちばん大事にすべきである。
　　　4　自分や友人以外の他人も大事にすることが大切だ。

問題　5

次の文章を読んで問題に答えなさい。
答えは１・２・３・４の中から最も適当なものを１つ選びなさい。

「休み方改革」量も質も

　「ビジネス」と「レジャー」を組み合わせたブリージャー（ブレジャー）は(＊1) 10 年前後から欧米で普及している。旅行予約サイトのエクスペディア・ジャパン（東京・港）の調査では、出張に有休を付けたことがある人の割合は日本が２割で最も低い。米国では５割弱、インドでは８割強の人が出張に絡めて現地での観光などを楽しんだ経験がある。同社は「日本は帰るまでが仕事だと思ったり、罪悪感を感じやすかったりするという理由が多い」と分析する。

　日本は他国と比べて祝日や公休が多い半面、有休取得率は低い。厚生労働省の調査では 17 年は前年比 1.7 ポイント上昇の 51.1％。エクスペディアの世界 19 カ国・地域を対象にした調査でも 18 年まで３年連続で最下位だ。

　連続での休暇を義務付けたり、休暇を取った社員に報酬を出したりする企業も増えているが、(＊2) 20 年までに取得率 70％という政府目標との隔たりは大きい。４月施行の働き方改革関連法で有休取得が義務化され、休暇を取りやすい制度づくりに各社は動き出している。

（＊1）10 年…2010 年
（＊2）20 年…2020 年

（「日本経済新聞」2019年8月7日付より一部改）

---

(51)　下線部「ブリージャー（ブレジャー）」とは何ですか。
　　　1　有給休暇を連続してとること
　　　2　有給休暇中に出張に行くこと
　　　3　出張のついでに観光を楽しむこと
　　　4　観光事業のために出張すること

(52)　日本の有休取得状況について、正しいのはどれですか。
　　　1　世界 19 カ国のなかで 18 年間ずっと最下位である。
　　　2　有休取得者に報酬を出すことが法律で義務づけられている。
　　　3　政府の対策にも関わらず、有休取得率は減少している。
　　　4　政府が掲げた有休取得率目標を達成できていない。

問題　6

次の文章を読んで問題に答えなさい。

答えは１・２・３・４の中から最も適当なものを１つ選びなさい。

2020年3月10日

山田孝明　様

株式会社　語文不動産
担当　谷崎周作

通告

前略

　早速ですが、以前より数回にわたって通知しております通り、ＮＳＫビル 302 号室のオフィス賃貸料が昨年 12 月分から未納となっております。

　つきましては、今月末日までに至急お振込みくださいますようお願い申し上げます。期日までにお支払いがない場合は、契約書の規定により、賃貸借契約の解約及び損害賠償請求の手続きを取らせていただきますことをご了承くださいますようお願い申し上げます。

　なお、本状と行き違いでお振込みの場合は、ご容赦ください

草々

記

1. 物件名　　　ＮＳＫビル 302 号室
2. 未納　　　　270,000 円

以上

---

(53)　期日までに家賃を支払わないと、どうなりますか。
1　督促状が届く。
2　3か月分の家賃を請求される。
3　27万円の罰金を請求される。
4　契約が更新できない。

(54)　山田さんについて、文書の内容と合っているのはどれですか。
1　初めて家賃未納の連絡を受けた。
2　2019 年 12 月から家賃を払っていない。
3　家賃はいつも 3 か月分まとめて払っている。
4　2020年3月31日までに契約書を更新する。

問題　7

次のメールを読んで問題に答えなさい。

答えは１・２・３・４の中から最も適当なものを１つ選びなさい。

2019/10/10　8:15

件名：台風接近による早期帰宅指示

各位

お疲れ様です。総務部の徳井です。

本日台風17号の接近により今後夕方にかけて雨風が強くなる恐れがあります。

交通機関への影響で帰宅できなくなることも予想されますので、
原則12時までの勤務とし、すみやかに帰宅してください。

やむをえない場合に限り、各部長の承認がある場合のみ午後も
社屋内にいることが許されますが、15時に社屋を完全に閉鎖します。

この件に関しましてご不明な点がございましたら、
総務部徳井（内線140）（9：00～11：00）までご連絡ください。

以上

---

(55)　何を知らせるメールですか。
1　台風の接近で雨風が強くなっていること
2　台風のため、交通機関への影響があったこと
3　台風の影響で、終業時間が早まったこと
4　台風の接近による仕事への影響はないこと

(56)　メールの内容と合っているのはどれですか。
1　業務が終わった人から会社を出なければならない。
2　午後も社内に残る場合は部長の承認を得なければならない。
3　12時に帰る場合は総務部に許可を取らなければならない。
4　帰宅する前に部長に報告しなければならない。

次の文章を読んで問題に答えなさい。
答えは１・２・３・４の中から最も適当なものを１つ選びなさい。

つくることは続けること

　ものをつくって生きてきた人っていうのは、結局ものづくりに賭けているんですから、ものができて当然といえば当然。だけど、<u>それ</u>がこの世に、ずっと地球の上に長く残るかどうか、人々にどういう影響を与えたか、そのことはまだ未知数ですよね。どれくらいのことになっていくのか、わかりません。

　ただ、私は、ふつうのありきたりの生き方でもなかったし、ありきたりのものをつくっているわけでもない。非常にユニークであったことだけは事実です。だけど、それがどれほどの価値があるか、それはなんとも言えない。

　仕事というのは百歳を過ぎても、ほんとうにきりがありません。衣食住で言えば、衣は三、四十代の着物をそのまま着ているからとても楽です。食も凝ったことはなに一つしていないし、住も五十年来変わらない。でも仕事は、描く線一つとっても、幅と長さとの変化が無限にある。絵ができたから、ああこれでいいなんてことにはならない。それはそうですよね、ある程度は満足します。

　　　　　　　　　　（…中略…）

　ですから、つくるということは、続けるということです。道と同じ、ここで終わるということがない。道を歩いていると向こうのほうが見える。その向こうへ行くと、また向こうのほうが見える。山は登って頂上にたどり着いたらあとは下りますけど、道は折り返し地点がなく延々と続いている。人生と同じです。

（篠田桃紅『百歳の力』集英社より一部改）

(57)　下線部「それ」の指す内容は何ですか。
　　　1　ものをつくって生きてきた人
　　　2　ユニークな作品
　　　3　「私」の生き方
　　　4　ものづくりに賭けてきた人たちのつくったもの

(58)　文章の内容と合っているのはどれですか。
　　　1　「私」の生き方や作品は非常にユニークなので、他の人にはない価値がある。
　　　2　ものづくりに賭けている人は、つくった作品に大変満足している。
　　　3　衣食住は長年変わらないが、仕事はいつも変化がある。
　　　4　「私」の人生は登って下る、山登りのようなものである。

問題　9

次の文章を読んで問題に答えなさい。
答えは１・２・３・４の中から最も適当なものを１つ選びなさい。

1　育児休業をすることを希望する従業員は、原則として育児休業を開始しようとする日（以下「育児休業開始予定日」という。）の１か月前までに、育児休業申出書を人事部労務課に提出することにより申し出るものとする。なお、育児休業中の期間契約従業員が労働契約を更新するに当たり、引き続き休業を希望する場合には、更新された労働契約期間の初日を育児休業開始予定日として、育児休業申出書により再度の申出を行うものとする。

（…中略…）

3　従業員は、育児休業期間変更申出書により人事部労務課に、育児休業開始予定日の１週間前までに申し出ることにより、育児休業開始予定日の繰り上げ変更を、また、育児休業を終了しようとする日（以下「育児休業終了予定日」という。）の１か月前までに申し出ることにより、育児休業終了予定日の繰り下げ変更を行うことができる。

（…中略…）

4　従業員が育児休業終了予定日の繰り上げ変更を希望する場合には、育児休業期間変更申出書により人事部労務課に申し出るものとし、会社がこれを適当と認めた場合には、原則として繰り上げた育児休業終了予定日の１週間前までに、本人に通知する。

（厚生労働省「育児・介護休業等に関する規則の規定例」より一部改）

---

(59)　育児休業中に労働契約の更新日がくる場合、休業を続けるにはどうしますか。
　　　1　育児休業開始予定日の１か月前までに、育児休業申出書を提出する。
　　　2　労働契約の更新日の１か月前までに、育児休業申出書を提出する。
　　　3　育児休業開始予定日の１週間前までに、育児休業申出書を提出する。
　　　4　特に手続きをしなくても、休業をそのまま続けることができる。

(60)　育児休業申出書の休業終了予定日を延期したい場合、どうしますか。
　　　1　休業開始予定日の１週間前までに、育児休業期間変更申出書を提出する。
　　　2　休業終了予定日の１週間前までに、育児休業期間変更申出書を提出する。
　　　3　休業終了予定日の１か月前までに、育児休業期間変更申出書を提出する。
　　　4　休業終了予定日の１週間前までに、人事部に相談し、許可をもらう。

3 漢字問題

A 次のひらがなの漢字をそれぞれ１・２・３・４の中から１つ選びなさい。

(61) 明日は<u>さむく</u>なるらしい。
　　　　1 暖く　　　　　　2 暑く　　　　　　3 寒く　　　　　　4 涼く

(62) 昨日、<u>どうぶつえん</u>へ行った。
　　　　1 遊園地　　　　　2 動物園　　　　　3 植物園　　　　　4 水族館

(63) 正しいものに<u>まる</u>をつけてください。
　　　　1 片　　　　　　　2 色　　　　　　　3 印　　　　　　　4 丸

(64) 相手を<u>うやまう</u>。
　　　　1 奉う　　　　　　2 敬う　　　　　　3 尊う　　　　　　4 拝う

(65) <u>はしら</u>に写真が貼^はってある。
　　　　1 柱　　　　　　　2 戸　　　　　　　3 壁　　　　　　　4 窓

(66) 台風で工場が<u>ひがい</u>にあった。
　　　　1 非害　　　　　　2 悲害　　　　　　3 障害　　　　　　4 被害

(67) 話が<u>それる</u>。
　　　　1 外れる　　　　　2 剃れる　　　　　3 逸れる　　　　　4 反れる

(68) 新しい<u>こころみ</u>だ。
　　　　1 試み　　　　　　2 企み　　　　　　3 図み　　　　　　4 挑み

(69) この業務は来年度からA社に<u>いたく</u>することになった。
　　　　1 嘱託　　　　　　2 属託　　　　　　3 委託　　　　　　4 委任

(70) 地震の影響は<u>まぬがれた</u>。
　　　　1 免れた　　　　　2 避れた　　　　　3 除れた　　　　　4 逃れた

(71) 転職してから、前の職場の人とは<u>そえん</u>になってしまった。
　　　1　疎遠　　　　　2　阻隔　　　　　3　惜縁　　　　　4　硝煙

(72) 新入社員に勤務態度について<u>さとす</u>。
　　　1　智す　　　　　2　哲す　　　　　3　諭す　　　　　4　聡す

(73) 広告費を<u>あっしゅく</u>する。
　　　1　凝縮　　　　　2　斡旋　　　　　3　圧搾　　　　　4　圧縮

(74) <u>じれい</u>を受けて支店長となった。
　　　1　治令　　　　　2　示令　　　　　3　事令　　　　　4　辞令

(75) イベントは<u>せいきょう</u>だった。
　　　1　酔狂　　　　　2　盛況　　　　　3　盛響　　　　　4　隆興

B 次の漢字の読み方を例のようにひらがなで書いてください。

・ひらがなは、正しく、ていねいに書いてください。
・漢字の読み方だけ書いてください。

（例）　はやく書いてください。　　　（例）　　　　　か

(76)　彼女は太陽のような人だ。

(77)　マスクをして風邪を防ぐ。

(78)　眠そうですね。

(79)　疲れが抜けない。

(80)　状況を把握できていない。

(81)　意見を求める。

(82)　環境の変化に適応する。

(83)　会社の色に染まる。

(84)　優秀な技術者を確保する。

(85)　迅速なご対応、ありがとうございました。

(86)　心を砕いて説得する。

(87)　社内に一斉メールを配信する。

(88)　地方都市へ拠点を移す。

(89)　計画は資金難で頓挫した。

(90)　提案は上司に一蹴された。

4 記述問題

A 例のように＿＿＿＿＿に適当な言葉を入れて文を作ってください。

・文字は、<u>正しく、ていねいに</u>書いてください。
・漢字で書くときは、<u>今の日本の漢字</u>を<u>正しく、ていねいに</u>書いてください。

（例）　きのう、＿＿＿＿＿＿＿でパンを＿＿＿＿＿＿＿。
　　　　　　　　　　　　　（A）　　　　　　　　　　　　（B）

（例）	（A）	スーパー	（B）	買いました

---

(91)　（喫茶店で）
　　　A：部長、何を＿＿＿＿＿＿＿上がりますか。
　　　　　　　　　　　　　　　（A）

　　　B：コーヒーに＿＿＿＿＿＿＿ます。
　　　　　　　　　　　　　（B）

(92)　彼女は人に＿＿＿＿＿＿＿反面、＿＿＿＿＿＿＿には厳しい。
　　　　　　　　　　　　（A）　　　　　　　　　　（B）

(93)　（家で）
　　　晩ご飯ができたよ。＿＿＿＿＿＿＿うちに＿＿＿＿＿＿＿よう。
　　　　　　　　　　　　　　　　（A）　　　　　　　　（B）

(94)　（会社で）
　　　A：やっとお昼ですね。

　　　B：ええ。今朝は寝坊して＿＿＿＿＿＿＿ぬきだったので、
　　　　　　　　　　　　　　　　　　　（A）

　　　　　＿＿＿＿＿＿＿ぺこぺこです。
　　　　　　　　（B）

(95)　（店で）
　　　鈴木：渡辺さん、ここの店の場所がすぐにわかるでしょうか。

　　　吉田：何度か一緒に＿＿＿＿＿＿＿ことがあるので、道に＿＿＿＿＿＿＿ことなく
　　　　　　　　　　　　　　　（A）　　　　　　　　　　　　　　　　　（B）

　　　　　来れると思いますよ。

B　例のように３つの言葉を全部使って、会話や文章に合う文を作ってください。

・【　　　】の中の文だけ書いてください。
・１.→２.→３.の順に言葉を使ってください。
・言葉の＿＿＿の部分は、形を変えてもいいです。
・文字は、正しく、ていねいに書いてください。
・漢字で書くときは、今の日本の漢字を正しく、ていねいに書いてください。

（例）
　きのう、【　１.　どこ　　→　２.　パン　　→　３.　買う 】か。

| （例） | どこでパンを買いました |

(96)

A：手伝いましょうか。

B：いいえ、大丈夫です。この【　１.　仕事　→　２.　そんなに
　　　→　３.　大変 】から。

(97)

A：私【　１.　せいで　→　２.　試合　→　３.　負ける 】しまいました。

B：気にすることないですよ。

(98)

社員は、【　１.　部長　→　２.　指示　→　３.　したがって 】、作業を
行っています。

(99)

彼がそんなひどいことを【　1．言う　→2．なんて　→　3．信じる　】

がたい。

(100)

課長は部下の仕事に【　1．口　→　2．出す　→　3．にはいられない　】

ようだ。

J.TEST

実用日本語検定

聴 解 試 験

1 写真問題 (問題1～10)

例題

例題1
例題2

例題1→	れい1	●	②	③	④	（答えは解答用紙にマークしてください）
例題2→	れい2	①	②	●	④	（答えは解答用紙にマークしてください）

A 問題1
　問題2

B　問題3
　　問題4

C　問題5
　　問題6

D 問題7
　問題8

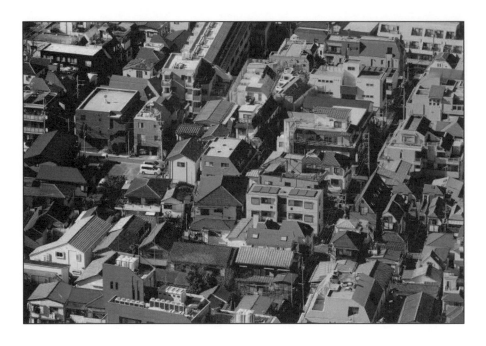

E 問題9

F　問題10

2 聴読解問題 （問題11～20）

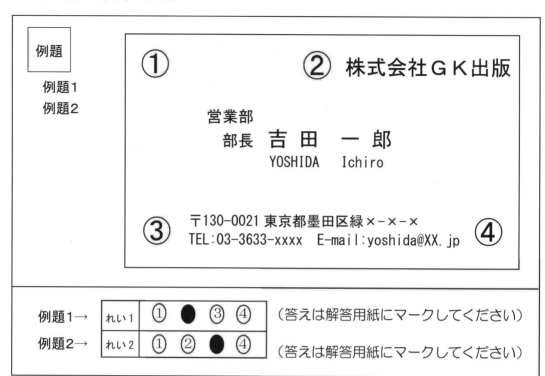

例題

例題1
例題2

① ② 株式会社ＧＫ出版

営業部
部長 吉田 一郎
YOSHIDA　Ichiro

③ 〒130-0021 東京都墨田区緑×-×-× ④
TEL:03-3633-xxxx　E-mail:yoshida@XX.jp

| 例題1→ | れい1 | ① | ● | ③ | ④ | （答えは解答用紙にマークしてください） |
| 例題2→ | れい2 | ① | ② | ● | ④ | （答えは解答用紙にマークしてください） |

G　問題11
　　問題12

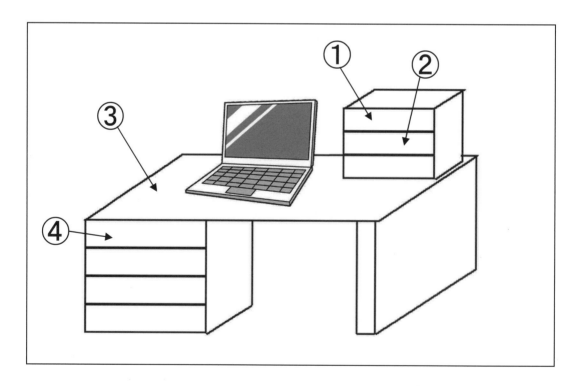

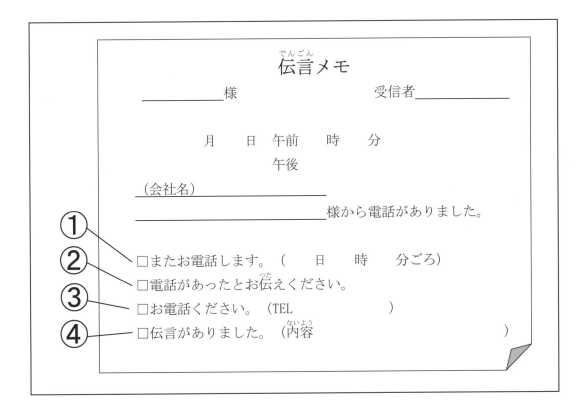

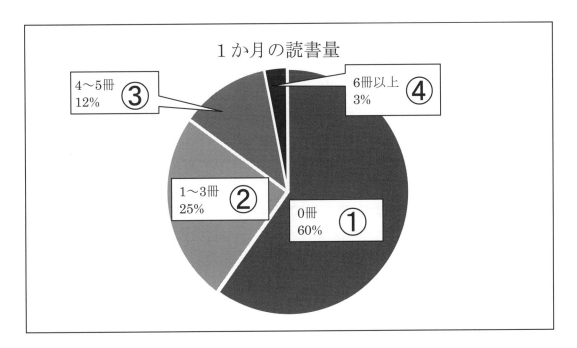

J 問題17
　問題18

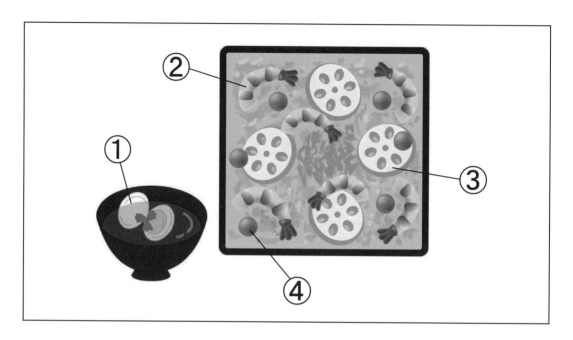

K 問題19　　　　　　　　　　問題20

① 73.4 %

② 60.0 %

③ 50.0 %

④ 24.1 %

① 労働力の補填（ほてん）

② 外国人への接客対応

③ 外国籍アルバイトの管理・指導

④ 外国人向けの商品開発・集客検討

3 応答問題 （問題21〜40）

（問題だけ聞いて答えてください）

例題1 →	れい1	● ② ③	（答えは解答用紙にマークしてください）
例題2 →	れい2	① ● ③	（答えは解答用紙にマークしてください）

問題21

問題22

問題23

問題24

問題25

問題26

問題27

問題28

問題29

問題30

問題31

問題32

問題33

問題34

問題35

問題36

問題37

問題38

問題39

問題40

メモ（MEMO）

4 会話・説明問題 （問題41〜55）

例題	1	資料のコピー
	2	資料のチェック
	3	資料の作成

れい ① ● ③　　　（答えは解答用紙にマークしてください）

1

問題41　　1　プレゼンの準備が終わっていないため
　　　　　2　会社に遅れたため
　　　　　3　あまり寝ていないため

問題42　　1　徹夜
　　　　　2　残業
　　　　　3　プレゼン

2

問題43　　1　セミナーの回数が増えたこと
　　　　　2　会社の場所が変わったこと
　　　　　3　会社の場所がわかりにくいこと

問題44　　1　資料を作る。
　　　　　2　写真を撮りに行く。
　　　　　3　講師を迎えに行く。

3

問題45　　　1　鹿が線路を舐めに来ること
　　　　　　 2　線路が鹿の生活場所にあること
　　　　　　 3　鹿の数が増えていること

問題46　　　1　鉄分を含むものを線路の近くに置いている。
　　　　　　 2　線路の表面の塗装を変えている。
　　　　　　 3　柵の中で鹿を生活させようとしている。

4

問題47　　　1　増えている。
　　　　　　 2　減っている。
　　　　　　 3　過半数を超えた。

問題48　　　1　国内ツアー
　　　　　　 2　レストラン
　　　　　　 3　宿泊施設

問題49　　　1　治安への不安
　　　　　　 2　円安の影響
　　　　　　 3　個人旅行型の増加

5

問題50
1 カフェを改装したオフィスである。
2 自由な社風である。
3 子供向けのビジネスをしている。

問題51
1 満足している。
2 後悔している。
3 タイミングが悪かった。

問題52
1 服装規定がある。
2 残業が少ない。
3 職場に女性社員がいない。

6

問題53
1 IT化を推進したため
2 日々開発に努力してきたため
3 目の前の利益を重視したため

問題54
1 部下が上司を尊敬できるような関係性がいい。
2 従来の常識を尊重すべきである。
3 個々の強みを生かしてチームに貢献するのがいい。

問題55
1 現在、海外進出を目指して準備を進めている。
2 自社の組織構造やビジネスを海外に広めるという理念を掲げている。
3 海外企業から理想的なビジネスモデルを学んでいる。

終わり

実用日本語検定

TEST OF PRACTICAL JAPANESE

J.TEST

受験番号		氏　名	

注　意

試験が始まるまで、この問題用紙を開けないでください。

日本語検定協会／J.TEST事務局

J.TEST

実用日本語検定

読 解 試 験

1　文法・語彙問題

A　次の文の（　　　）に１・２・３・４の中から最も適当な言葉を入れなさい。

（1）　このレストランは夜（　　　）昼のメニューが少ない。
　　　１　につれて　　　２　にそって　　　３　をこめて　　　４　にくらべ

（2）　資料はあっても部長が（　　　）ことには会議が始められない。
　　　１　来る　　　　　２　来ない　　　　３　来て　　　　　４　来た

（3）　この映画は年齢を（　　　）人気だ。
　　　１　問わず　　　２　はじめ　　　３　めぐって　　　４　けいきにして

（4）　完璧を求めたら（　　　）ないよ。
　　　１　さしつかえ　２　あげく　　　３　きり　　　　４　くせ

（5）　太郎君は小学生なのに一人で料理も（　　　）洗濯もする。
　　　１　しても　　　２　すれば　　　３　するなら　　　４　しては

（6）　夫は仕事に（　　　）あまり帰宅時間が深夜になることもある。
　　　１　熱心　　　　２　熱心な　　　３　熱心だ　　　４　熱心に

（7）　今日を（　　　）に辞めさせていただきます。
　　　１　限度　　　　２　末　　　　　３　終わり　　　４　限り

（8）　その企業は円高を（　　　）利益を上げている。
　　　１　もってしても　　　　　　　　２　ものともせずに
　　　３　兼ねて　　　　　　　　　　　４　ひかえて

（9）　仕事（　　　）全く興味のないことをやらされるのは辛い。
　　　１　とはいえ　　２　とあって　　３　たるや　　　４　がてら

（10）　彼は仕事のスキルも（　　　）ながらコミュニケーション能力も高い。
　　　１　あること　　２　ある　　　　３　さること　　４　さり

（11）　これは若いデザイナー（　　　）斬新なデザインに仕上がっている。
　　　１　ならではの　２　にかたくない　３　めいた　　　４　とすると

(12) 家出したあの猫は、今頃どこで何をしている（　　　）。

　　1　といえよう　　　　　　　　　　　2　べくもない

　　3　たらん　　　　　　　　　　　　　4　ことやら

(13) 体調の異変に気付きながらも働き続け、結局入院する（　　　）になった。

　　1　はめ　　　　　　2　矢先　　　　　　3　際　　　　　　4　折

(14) 大変（　　　）ございました。ごちそう様でした。

　　1　おいしさ　　　　2　おいしい　　　　3　おいしくて　　　4　おいしゅう

(15) 携帯電話は便利だが、（　　　）ないで何とかなる。

　　1　あっても　　　　2　なければ　　　　3　あれば　　　　　4　なくても

(16) A：「資料、メールで送ってくれましたか」

　　B：「すみません。今、（　　　）。もう少々お時間ください」

　　1　まとめている最中です　　　　　　　2　メールしたということです

　　3　集めたくてしょうがないんです　　　4　資料を送りっぱなしです

(17) A：「娘さん、結婚するんだって？　おめでとう」

　　B：「うーん、親としては（　　　）複雑な気持ちだけどね」

　　1　嬉しいだの寂しいだの　　　　　　　2　嬉しいやら寂しいやら

　　3　嬉しいとか寂しいとか　　　　　　　4　嬉しいなり寂しいなり

(18) A：「新商品の売れ行き、好調ですね」

　　B：「（　　　）売り切れてしまうので、商品を並べるのが大変なほどですよ」

　　1　入荷した手前　　　　　　　　　　　2　入荷してからというもの

　　3　入荷したそばから　　　　　　　　　4　入荷せんがため

(19) A：「明日のセミナーの講師の方ですが、体調を崩して来られないそうですよ」

　　B：「そうなんですか。（　　　）やむを得ませんね」

　　1　体調不良と思いきや　　　　　　　　2　体調不良といえども

　　3　体調不良とあいまって　　　　　　　4　体調不良とあれば

(20) 加藤：「いつも定時帰りの山崎さんも、さすがに今日は残って仕事かな」

　　岡田：「まさか！　山崎さんは（　　　）」

　　1　残業しほうだいだよ　　　　　　　　2　残業するにしのびないよ

　　3　残業なんてしやしないよ　　　　　　4　残業しないにもほどがあるよ

B 次の文の（　　　）に1・2・3・4の中から最も適当な言葉を入れなさい。

(21) コンビニの24時間（　　　）が見直されてきている。
　　　1 営業　　　　　2 出勤　　　　　3 職業　　　　　4 就職

(22) 片付けが苦手な彼の部屋は（　　　）いるに違いない。
　　　1 散らかって　　2 転がって　　　3 膨らんで　　　4 漏れて

(23) この辺りは自然が（　　　）で、景色が美しい。
　　　1 新た　　　　　2 豊か　　　　　3 わがまま　　　4 真っ青

(24) この果物は皮を（　　　）から食べたほうがいい。
　　　1 ほどいて　　　2 むいて　　　　3 かぶせて　　　4 だまして

(25) あの人の言うことは話（　　　）に聞くといい。
　　　1 半分　　　　　2 振り　　　　　3 上手　　　　　4 好き

(26) こちらのサービスは有料（　　　）で、追加料金が必要です。
　　　1 オープン　　　2 オリジナル　　3 クライアント　4 オプション

(27) 庭先に野鳥が（　　　）顔を出す。
　　　1 一向に　　　　2 かたくなに　　3 かねがね　　　4 時折

(28) 彼は氷上で（　　　）感ある演技を見せた。
　　　1 優越　　　　　2 違和　　　　　3 膨満　　　　　4 躍動

(29) 僭越ながら（　　　）を述べさせていただきます。
　　　1 私事　　　　　2 私考　　　　　3 私見　　　　　4 私意

(30) 課長にこんな仕事は（　　　）不足だと思いますが、よろしくお願いします。
　　　1 役　　　　　　2 役人　　　　　3 手　　　　　　4 労力

C　次の文の＿＿＿の意味に最も近いものを１・２・３・４の中から選びなさい。

(31) 涙を流している女性とすれ違った。
　　　1　ないている　　2　おこっている　　3　わらっている　　4　走っている

(32) 部長はとっくに帰った。
　　　1　急いで　　　　2　まっすぐ　　　3　一人で　　　　4　すでに

(33) 会場内は混雑していて騒々しかった。
　　　1　疲れた　　　　2　うるさかった　　3　動けなかった　　4　待たされた

(34) 彼には仕事を頼むまい。
　　　1　頼まなければならない　　　　　2　頼もうとは思わない
　　　3　頼みたい　　　　　　　　　　　4　頼みたくても頼めない

(35) 本社ビルの改修工事説明会で、代わる代わる担当者が挨拶をしていた。
　　　1　入れ替わり　　2　代理の　　　　3　あちこちで　　4　絶えず

(36) その件に関しては説明を聞くまでもない。
　　　1　聞いたほうがいい　　　　　　　2　聞いたことがない
　　　3　聞かなければならない　　　　　4　聞く必要がない

(37) かき氷を食べて暑さをしのぐ。
　　　1　と闘う　　　　2　を楽しむ　　　3　に耐える　　　4　を忘れる

(38) 部長のコンセンサスを得ておいてください。
　　　1　同意　　　　　2　署名　　　　　3　契約　　　　　4　領収書

(39) 今、取り込み中なので、後にしてください。
　　　1　席を外しているので　　　　　　2　仕事が溜まっているので
　　　3　バタバタしていて忙しいので　　4　使用中なので

(40) 彼女の話し方は舌足らずだ。
　　　1　ぶっきらぼう　　　　　　　　　2　発音が不明瞭
　　　3　下品　　　　　　　　　　　　　4　偉そう

2 読解問題

問題 1

次の文書を読んで問題に答えなさい。
答えは1・2・3・4の中から最も適当なものを1つ選びなさい。

2020/04/27　11:15

件名：5月27日新商品発表会について

企画部　福田さん

お疲れさまです。
総務部秘書課の木下です。

5月27日の新商品発表会ですが、当日のスケジュールは決まっていますか。

また、社長は前日まで海外出張に行かれるため、事前の打ち合わせは出張前にしておく必要がございます。

下記から打ち合わせ可能な日時（1時間程度）をお選びください。

　　5月15日（金）10：30〜12：00
　　5月19日（火）16：00〜18：00
　　5月20日（水）13：30〜15：00

打ち合わせ日時につきましては、明日までにお返事をお願いいたします。
なお、当日に社長が行う挨拶の原稿は、打ち合わせまでにご用意をお願いいたします。

(41) 木下さんについてメールの内容と合っているのはどれですか。

1　社長のスケジュールを管理している。
2　新商品発表会で社長の代わりに挨拶を行う。
3　新商品発表会の日時の変更をお願いしている。
4　明日福田さんと打ち合わせを行う。

(42) 福田さんはこのメールをもらった後、まず何をしますか。

1　社長の海外出張の準備を行う。
2　新商品発表会で行う挨拶の原稿を木下さんに送る。
3　打ち合わせを行う日時を決める。
4　新商品発表会当日のスケジュールを社長に送る。

次の案内を読んで問題に答えなさい。

答えは１・２・３・４の中から最も適当なものを１つ選びなさい。

メンバーズカードご利用案内

ご入会ありがとうございます

　このたびは、ラブリメンバーズカードにご入会いただき、誠にありがとうございます。

　当カードはラブリグループの会員証となっておりますので、ご来店の際にご提示いただきますようお願い申し上げます。

　また、ささやかですが、ご入会のお礼として、500 円分のクリーニングサービス券（50 円引き×10 枚）をプレゼント致します。クリーニングサービス券は、衣類１点につき１枚ずつ、入会日よりご利用いただけます。

> ご利用金額50 円につき１ポイント進呈いたします！
>
> １ポイント１円でご利用できます。

　　※　カードのご提示がない場合、ポイントは付与できません。

　その他にも会員様にうれしいキャンペーンをご用意しております！

● 割引キャンペーン開催（年に数回を予定しています）
● お誕生日ポイントプレゼント
● ポイント２倍、３倍、５倍つく日など

(43) 誰がこの案内を読みますか。
　　1　クリーニングを利用するすべての人
　　2　ラブリクリーニングの会員になった人
　　3　クリーニングのサービス券が欲しい人
　　4　これからラブリクリーニングの会員になろうとしている人

(44) 会員カード入会の特典について案内の内容と合っているのはどれですか。
　　1　入会日より衣類1点につき500円の割引が受けられる。
　　2　500円引きのクリーニング券を10枚もらえる。
　　3　利用金額500円につき100ポイントもらえる。
　　4　500円分のクリーニングサービス券がもらえる。

(45) 案内の内容と合っているのはどれですか。
　　1　誕生日にはポイントが5倍になる。
　　2　カードにたまったポイントは現金に換えられる。
　　3　ポイントを貯めるには毎回カードを出す必要がある。
　　4　割引キャンペーンは1年を通して行われる。

問題　3

次の文章を読んで問題に答えなさい。
答えは１・２・３・４の中から最も適当なものを１つ選びなさい。

2020 年 4 月 6 日

人事部長　鈴木殿

広報部　山内健

新入社員研修受講報告書

この度、標記研修を受講いたしましたので、下記の通り報告いたします。

記

1．日時　　　2020年4月3日（金）9：00～12：00
2．場所　　　本社　第2会議室
3．講師　　　藤原百合子氏（外部講師）
4．参加人数　20名
5．内容　　　基本的なビジネスマナー（挨拶、名刺交換、敬語の使い方など）
6．感想　　　ビジネスマナーについては本などで勉強していたが、知らなかった
　　　　　　　ことも多くいい勉強になった。また社員一人一人が会社の「顔」な
　　　　　　　のだと再認識することができた。もう学生ではないので気を引き締
　　　　　　　め頑張っていきたい。

以上

---

(46)　研修について文書の内容と合っているのはどれですか。
　　1　3時間にわたって行われた。
　　2　講師は山内さんの上司だった。
　　3　会社の業務内容についての説明があった。
　　4　会社外で行われた。

(47)　山内さんの感想について文書の内容と合っているのはどれですか。
　　1　ビジネスマナーについては知っていたので、新しい知識は得られなかった。
　　2　ビジネスマナーには社員一人一人の顔が大きく関係するとわかった。
　　3　社員一人一人が会社の代表であるということを改めて理解した。
　　4　ビジネスマナーは本でよく勉強したほうがいいと思った。

★問題　4

次の文書を読んで問題に答えなさい。
答えは１・２・３・４の中から最も適当なものを一つ選びなさい。

2020 年 5 月 1 日

各位

ＡＢＣ教育出版株式会社

受講継続手続きに関するお知らせ

　　日ごろは、弊社のＡＢＣ通信教育をご利用いただき、まことにありがとうございます。さて、現在ご受講中のコースは来月末にて受講期間が終了いたします。
　　つきましては、受講継続のご確認をお願いいたします。

・当コースは自動継続になっております。継続なさる場合は、特に手続きは必要ございません。

・来期の受講料につきましては、ご指定の銀行口座から引き落とさせていただきます。

・受講を終了なさる場合は、電話またはインターネットにてご連絡くださいますよう、お願い申し上げます。

　　ご不明な点がございましたら、ご遠慮なくお問い合わせくださいませ。

　　今後も、受講者の皆様のご期待に応えられるような充実したコースをご用意しておりますので、ご活用いただければ幸いに存じます。

---

(48)　この文書は、どのような人たちに送られていますか。
　　　1　通信教育の講座で教えている人たち
　　　2　通信教育に関する資料を送ってもらうように頼んだ人たち
　　　3　通信教育の受講をやめようと思っている人たち
　　　4　現在、通信教育の講座を受けている人たち

(49)　この文書を受け取った人は、この後何をしますか。
　　　1　受講をやめたい場合は、この会社に連絡する。
　　　2　受講をやめたい場合は、特に何もしなくてもいい。
　　　3　受講を続けたい場合は、この会社に連絡する。
　　　4　受講を続けたい場合は、この会社の口座にお金を振り込む。

問題　5

次の文章を読んで問題に答えなさい。
答えは１・２・３・４の中から最も適当なものを１つ選びなさい。

「やりたい仕事」とは何なのか

　ヘッドハンターの仕事をしていると、若い理系ビジネスパーソンから「やりたい仕事ができる会社で働きたい」という話をよく聞きます。

　しかし、「やりたい仕事をするのが幸せ」と「やりたいことができないから転職する」ということは違うのです。

　「やりたい仕事ができないから転職する」という人には、「やりたい仕事とはいったい何なのか、どうすればやらせてもらえるのか」ということを、一度じっくり考えてもらいたいと思います。

　企業はお金を払って人を雇うわけですから、当然、(ア)それに見合った価値を求めます。企業に利益をもたらしてくれる何らかの「価値」です。企業は、世の中にその価値を提供することで対価を得て、そのお金で社員を雇い、原材料を仕入れ、工場を動かし、研究開発を行っているわけです。

　もし、「やりたい仕事」が、企業にとって価値を生むものなら、喜んでやらせてもらえるでしょう。そういう仕事が来ないというのは、多くの場合、価値がないと判断されているからなのです。これはどこの会社でも同じです。

　（　Ａ　）、価値があることでも「こいつより、別の技術者にやらせたほうが意味がある」と判断されて、その仕事が回ってこないこともあります。この場合は、力不足だと思われているわけです。

　しかしそれなら話は簡単で、上司や同僚から「やっぱりこいつにやらせてみよう」と思われるような力をつければいいだけのことです。そうした努力もせずに、(イ)ただ会社を移っただけでは、「やりたい仕事」を担当させてもらえるようにはならないでしょう。

（縄文アソシエイツ（株）『「理系」の転職　あなたの本当の力を生かす』
大和書房より一部改）

---

(50)　下線部（ア）「それ」とは何ですか。
　　　1　やりたい仕事
　　　2　転職
　　　3　企業が従業員に払うお金
　　　4　若い理系ビジネスパーソン

(51)　（　A　）に入る言葉はどれですか。
　　　1　また
　　　2　つまり
　　　3　しかも
　　　4　よって

(52)　下線部（イ）「ただ会社を移っただけでは、『やりたい仕事』を担当させてもら
　　　えるようにはならないでしょう」とありますがなぜですか。
　　　1　「やりたい仕事」が何なのかがわかっていないから
　　　2　「やりたい仕事」に価値がないと思われているから
　　　3　「やりたい仕事」が来ないから
　　　4　「やりたい仕事」を任される能力がないから

問題　6

次の文書を読んで問題に答えなさい。
答えは１・２・３・４の中から最も適当なものを１つ選びなさい。

2020 年 5 月 12 日

販売店様各位

株式会社 ABMM
企画開発課　太田真紀子

アンケートについてのご協力依頼

拝啓　時下ますますご清祥のこととお喜び申し上げます。平素は格別のご高配を賜り、誠にありがとうございます。
　さて、弊社製品の「キッチンママシリーズ」は大変好評をいただいておりますが、さらにお客様に喜んでいただける製品改良を目指して、販売店の皆様にアンケート調査を実施しております。
　つきましては、ご多忙中大変恐縮ではございますが、別紙アンケート用紙にお差支えのない限りでご回答の上、同封の返信用封筒にてご返送賜りたく申し上げます。
　なお、誠に勝手ながら 5 月 27 日までにご返信いただけますよう、重ねてお願い申し上げます。

敬具

---

(53)　このアンケート調査の目的は何ですか。
1　販売店舗数増加のため
2　製品改良のため
3　新製品開発のため
4　「キッチンママシリーズ」発売のため

(54)　この文書を読んだ人は何をしますか。
1　「キッチンママシリーズ」の商品を店頭に並べる。
2　5 月 12 日までにアンケートを書く。
3　客から回収したアンケートを 5 月 27 日までに提出する。
4　アンケートに答え、返信用封筒に入れて送る。

問題　7

次の文章を読んで問題に答えなさい。

答えは１・２・３・４の中から最も適当なものを１つ選びなさい。

中身より印象が重要

　「中身より印象が重要」とは、すなわちインターネットの特性そのものといえます。その制限のない情報量によって、ネットではかえってすべての情報を理解し、コミュニケーションすることが難しくなりました。パッと見の印象や受け手の勝手なイメージが、情報そのものより大きな影響を持つことが少なくありません。

（…中略…）

　このような環境で情報を伝えるには、「明確に」「シンプルに」表現する必要があります。「誰でもわかる」ことや、誤解やミスリードを生じにくくさせる工夫は、これまで以上に重要性を増しているのです。

　ネットへの対応以前の基本的な留意点ですが、表情や話し方まで、「わかりやすい」ことが必要です。とくにビジネスで生じたトラブルに対する謝罪では、事態を客観的に説明しよう、誤解を解こうという意識がどうしても働きやすいので、「わかりやすい」ことより「正しい説明」に軸足を置くかたちになりがちです。正しい説明を意識すると、ともすれば説明口調になりやすいうえ、「遺憾に存じます」のような言葉遣いをしてしまいがちです。（　Ａ　）という言葉があるように、正確でていねいな表現ではあってもネガティブな印象に取られる危険性があります。

（増沢隆太『謝罪の作法』ディスカヴァー・トゥエンティワンより一部改）

---

(55)　（　Ａ　）に入る言葉はどれですか。

　　1　平身低頭
　　2　厚顔無恥
　　3　慇懃無礼
　　4　傍若無人

(56)　文章の内容と合っているのはどれですか。

　　1　謝罪の説明は正確さが求められる。
　　2　誤解を解こうという気持ちがあればネガティブな印象に取られない。
　　3　本当に謝罪する気持ちがあるなら、表情を変えることだ。
　　4　正しく説明すれば誤解が解けるとは限らない。

次の文章を読んで問題に答えなさい。
答えは１・２・３・４の中から最も適当なものを１つ選びなさい。

都心シェアサイクル快走

　東京都心のシェアサイクルが快走している。都内各区と共同で運用しているドコモ・バイクシェアによると、2017年度の利用は410万回と２年連続でほぼ倍増した。16年２月に千代田、中央、港、江東の４区内ならどのポートでも貸し出しや返却ができる広域連携がスタート。16年10月に新宿区、17年１月に文京区、10月に渋谷区が加わるなど利用範囲が計９区に拡大したことが (ア) 押し上げている。

　特に多いのが平日朝晩の通勤時間帯だ。全地球測位システム（GPS）データを分析すると、タワーマンションが林立する江東区の湾岸エリアから東京メトロ豊洲駅の間や、芝浦や天王洲アイルからJR品川駅などがゴールデンルート。年代別で30〜40代、性別は男性がそれぞれ６割を占める。休日は午後の外出時間帯が多く、人気スポットの東京ミッドタウン日比谷のポートには20台余りが集まる。

（…中略…）

　オフィス街では法人利用も広がり、約500社が契約。富士ゼロックスはメンテナンスサービスで回るのに利用している。コンビニや旅行会社を通じた１日利用パスの販売も増え、訪日客も使っているようだ。最近は利用が集中する時間帯の予約合戦が激しい。混雑するポートでは自転車があっても予約済みで乗れず、スマートフォンで近くのポートに（　A　）自転車がないか探す人の姿をみかける。

（「日本経済新聞」2018年7月12日付より一部改）

(57)　下線部（ア）「押し上げている」とありますが、何を押し上げていますか。
　　　1　朝晩の通勤時間帯の利用
　　　2　都内各区での共同運用
　　　3　利用範囲の拡大
　　　4　シェアサイクルの利用量

(58)　（　A　）に入る言葉はどれですか。
　　　1　利用中
　　　2　空き
　　　3　契約
　　　4　予約済み

問題　9

次のメールを読んで問題に答えなさい。
答えは１・２・３・４の中から最も適当なものを１つ選びなさい。

2020/04/20　10:35

件名：コウモト機械　古川です

木村産業　製造部　大田原様

いつもお世話になります。
昨晩貴社東海工場隣地より失火があり、貴社工場敷地内にも若干の類焼がありましたこと、報道にて知り驚いております。幸いにもどなたもご無事とのこと、まずは安心いたしました。本日午後より弊社資材課長、渡辺以下数名にてお見舞いに参じる所存でございます。緊急時につき当社規定作業衣にて訪問いたしますことご容赦ください。類焼現場の片づけ清掃などお手伝いいたしますので、何なりとお命じください。
以上、取り急ぎ用件のみにて失礼いたします。

****
コウモト機械　資材部資材課
古川健作
e-mail:furuken@XXXX.co.jp
TEL:01-234-XXXX
****

---

(59)　木村産業に何がありましたか。
　　　1　東海工場から失火したが怪我人などはなかった。
　　　2　東海工場の隣が火事になり少し被害を受けた。
　　　3　東海工場から失火して隣地に被害が出た。
　　　4　東海工場が火事の被害を受け社員が重傷である。

(60)　メールの内容と合っているのはどれですか。
　　　1　課長を除く資材課員が数名行くことを伝えている。
　　　2　資材課員が怪我人のお見舞いに行ってもいいか確認している。
　　　3　資材課員が行くべき場所を尋ねている。
　　　4　資材課員が作業着を着て行くと伝えている。

3 漢字問題

A 次のひらがなの漢字をそれぞれ 1・2・3・4 の中から 1 つ選びなさい。

(61) 妹はよく<u>わらう</u>。
　　　1 迷う　　　　2 泣う　　　　3 戦う　　　　4 笑う

(62) この町の<u>れきし</u>はとても古い。
　　　1 投資　　　　2 歴史　　　　3 武士　　　　4 停止

(63) 先生の名前を<u>おぼえ</u>ていますか。
　　　1 栄えて　　　2 覚えて　　　3 構えて　　　4 捕えて

(64) <u>やさい</u>をたくさん食べなければいけないよ。
　　　1 主菜　　　　2 副菜　　　　3 野菜　　　　4 根菜

(65) この時期は<u>きこう</u>がおだやかで過ごしやすい。
　　　1 気候　　　　2 気温　　　　3 気功　　　　4 気胸

(66) お<u>ひさし</u>ぶりです。
　　　1 再しぶり　　2 珍しぶり　　3 久しぶり　　4 永しぶり

(67) <u>てんじょう</u>が高いですね。
　　　1 天窓　　　　2 天袋　　　　3 天井　　　　4 天扉

(68) 金持ちほどお金に<u>きびしい</u>。
　　　1 厳しい　　　2 卑しい　　　3 甚しい　　　4 酷しい

(69) 業績は<u>じょじょに</u>改善<small>かいぜん</small>している。
　　　1 如々に　　　2 序々に　　　3 助々に　　　4 徐々に

(70) 製品の<u>ほしょう</u>書を確認する。
　　　1 補償　　　　2 保証　　　　3 保障　　　　4 褒賞

(71) 最近、この近辺でひったくり事件がひんぱつしている。
　　　1　犯発　　　　　2　貧発　　　　　3　奮発　　　　　4　頻発

(72) 政府がないじゅ拡大をねらった政策を打ち出す。
　　　1　内需　　　　　2　内授　　　　　3　内寿　　　　　4　内儒

(73) 池にたくさんのかめがいる。
　　　1　亀　　　　　　2　鯉　　　　　　3　蛙　　　　　　4　蟹

(74) 知り合いがさぎの被害に遭った。
　　　1　贈賄　　　　　2　賭博　　　　　3　侮辱　　　　　4　詐欺

(75) A銀行のとうどりが突然辞任を表明した。
　　　1　舵取　　　　　2　当執　　　　　3　頭取　　　　　4　都踊

B 次の漢字の読み方を例のようにひらがなで書いてください。

> ・ひらがなは、<u>正しく、ていねいに</u>書いてください。
> ・<u>漢字の読み方だけ</u>書いてください。
>
> （例）　はやく<u>書</u>いてください。　　　（例）　　　　　**か**

(76)　その<u>箱</u>を運んでください。

(77)　あの黒い<u>粉</u>は何だろう。

(78)　ベッド<u>脇</u>の<ruby>椅子<rt>い す</rt></ruby>に座る。

(79)　<u>医師</u>の言うことを聞く。

(80)　トラックを<u>車庫</u>に入れる。

(81)　<ruby>松本<rt>まつもと</rt></ruby>さんは経験<u>豊富</u>だ。

(82)　入院生活は３年に<u>及</u>んだ。

(83)　大学院で<ruby>臨床<rt>りんしょう</rt></ruby>心理学を<u>修</u>めた。

(84)　来月から単身<u>赴任</u>することになった。

(85)　部長は<u>喫煙</u>所にいます。

(86)　反対するなら<u>代替</u>案を出してください。

(87)　名刺を<u>頂戴</u>できますか。

(88)　様々な問題が<u>顕在</u>化する。

(89)　<u>廉価</u>で販売する。

(90)　上司に<u>進捗</u>状況を報告する。

4　記述問題

A　例のように＿＿＿＿＿に適当な言葉を入れて文を作ってください。

・文字は、正しく、ていねいに書いてください。
・漢字で書くときは、今の日本の漢字を正しく、ていねいに書いてください。

(例)　きのう、＿＿＿＿＿＿＿でパンを＿＿＿＿＿＿＿。
　　　　　　　　　　(A)　　　　　　　　　(B)

(例)	(A)	スーパー	(B)	買いました

(91)　カラオケで歌を＿＿＿＿＿＿すぎて、のどが＿＿＿＿＿＿くなりました。
　　　　　　　　　　　　(A)　　　　　　　　　　　　　(B)

(92)　子：こんなにたくさん＿＿＿＿＿＿きれないよ。
　　　　　　　　　　　　　(A)

　　　母：ちゃんと＿＿＿＿＿＿ず食べなさい。
　　　　　　　　　(B)

(93)　A：今日は＿＿＿＿＿＿ですね。
　　　　　　　　(A)

　　　B：暖かいというより＿＿＿＿＿＿くらいです。アイスが食べたいです。
　　　　　　　　　　　　　(B)

(94)　A：昨日の映画は面白かった？

　　　B：全然！　あまりの＿＿＿＿＿＿さに最後まで＿＿＿＿＿＿ないで
　　　　　　　　　　　　(A)　　　　　　　　　　　　(B)
　　　　途中で帰ったよ。

(95)　A：今年のボーナス、去年より＿＿＿＿＿＿んだ。
　　　　　　　　　　　　　　　　(A)

　　　B：ボーナスが＿＿＿＿＿＿だけましだよ！
　　　　　　　　　(B)

B　例のように３つの言葉を全部使って、会話や文章に合う文を作ってください。

・【　　】の中の文だけ書いてください。
・1．→2．→3．の順に言葉を使ってください。
・言葉の　　　の部分は、形を変えてもいいです。
・文字は、正しく、ていねいに書いてください。
・漢字で書くときは、今の日本の漢字を正しく、ていねいに書いてください。

（例）
きのう、【　1．どこ　→　2．パン　→　3．買う　】か。

（例）	どこでパンを買いました

（96）

家を出るとき、【　1．電気　→　2．消す　→　3．忘れる　】ようにして
ください。

（97）

A：この仕事、今日中に終わるかな。

B：今日中【　1．なんて　→　2．無理　→　3．決まっている　】
　　でしょう。３日はかかるよ。

（98）

鈴木：昨日は新幹線の時間に間に合いましたか。

吉田：ええ。村上さんが駅まで【　1．車　→　2．送る　→　3．くれる　】
　　おかげで、ぎりぎり間に合いました。

(99)

【 1．書類 → 2．受け取る → 3．次第 】、すぐにご連絡します。

(100)

上司に【 1．嫌われる → 2．ばかりに → 3．出世コース 】

外れてしまった。

J.TEST

実用日本語検定

聴 解 試 験

1 写真問題 (問題1〜10)

例題

例題1
例題2

| 例題1→ | れい1 | ● | ② | ③ | ④ | （答えは解答用紙にマークしてください） |
| 例題2→ | れい2 | ① | ② | ● | ④ | （答えは解答用紙にマークしてください） |

A 問題1
　問題2

B　問題3
　　問題4

C　問題5
　　問題6

D 問題7
　　問題8

E 問題9

F 問題10

2 聴読解問題 （問題11〜20）

例題

例題1
例題2

① ② 株式会社ＧＫ出版

営業部
部長 吉田 一郎
YOSHIDA　Ichiro

③ 〒130-0021 東京都墨田区緑×-×-×
TEL:03-3633-xxxx　E-mail:yoshida@XX.jp ④

| 例題1→ | れい1 | ① | ● | ③ | ④ | （答えは解答用紙にマークしてください） |
| 例題2→ | れい2 | ① | ② | ● | ④ | （答えは解答用紙にマークしてください） |

G　問題11
　　問題12

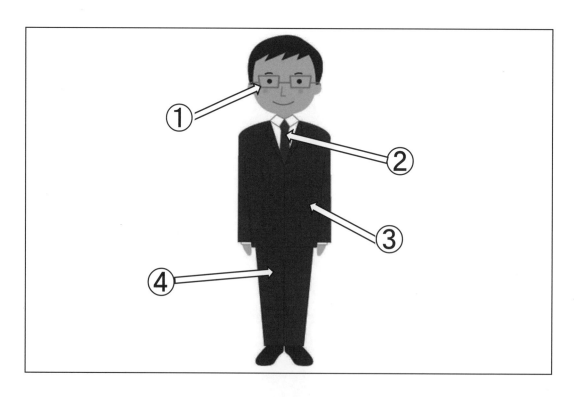

H　問題13
　　問題14

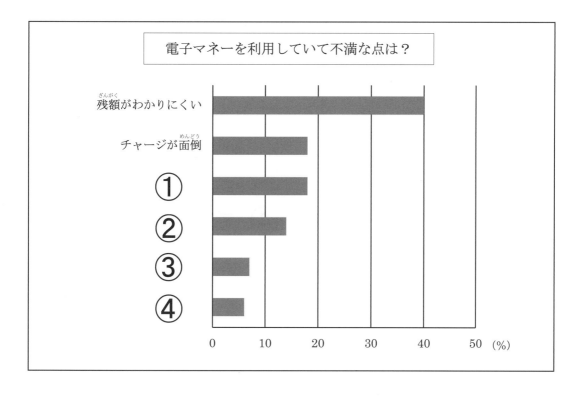

電子マネーを利用していて不満な点は？

残額がわかりにくい

チャージが面倒

① ② ③ ④

I　問題15
　　問題16

① ② ③ ④

J　問題17
　　問題18

K　　　問題19

①	最高血圧 150　最低血圧 90
②	最高血圧 140　最低血圧 90
③	最高血圧 130　最低血圧 90
④	最高血圧 130　最低血圧 80

問題20

①	140〜149
②	130〜139
③	120〜129
④	110〜119

3 応答問題 (問題21〜40)

(問題だけ聞いて答えてください)

| 例題1 → | れい1 | ● ② ③ | (答えは解答用紙にマークしてください) |
| 例題2 → | れい2 | ① ● ③ | (答えは解答用紙にマークしてください) |

問題21

問題22

問題23

問題24

問題25

問題26

問題27

問題28

問題29

問題30

問題31

問題32

問題33

問題34

問題35

問題36

問題37

問題38

問題39

問題40

メモ (MEMO)

4 会話・説明問題 (問題41〜55)

例題	1	資料のコピー
	2	資料のチェック
	3	資料の作成

| れい | ① | ● | ③ | （答えは解答用紙にマークしてください） |

1

問題41
1 家でお酒を飲んでいた。
2 飲んだお酒の量をおぼえていない。
3 シャワーを浴びないで寝た。

問題42
1 お酒を飲んだ翌朝に水をたくさん飲む。
2 お酒を飲みながら水も飲む。
3 お酒に入れる水の量を増やす。

2

問題43
1 風邪をひいたから
2 お腹の調子が悪いから
3 娘を病院へ連れて行くから

問題44
1 家事をしない。
2 病院へよく行く。
3 育児に協力的だ。

3

問題45　　　1　車とぶつかりそうになったから
　　　　　　2　歩行者とぶつかったから
　　　　　　3　自転車とぶつかりそうになったから

問題46　　　1　学生は自転車のマナーがいいと思っている。
　　　　　　2　自転車のマナーが悪い人に注意したいと思っている。
　　　　　　3　自転車は車道を走るべきだと思っている。

4

問題47　　　1　肉で作られたからあげ
　　　　　　2　大豆で作られたからあげ
　　　　　　3　大豆で作られたハンバーグ

問題48　　　1　アメリカから原料を輸入している。
　　　　　　2　開発に時間がかかった。
　　　　　　3　本物の肉より硬い。

問題49　　　1　宗教上の理由で肉を食べない。
　　　　　　2　今晩のおかずにハンバーグを作る。
　　　　　　3　健康に気をつけている。

5

問題50　　1　話し方が冷静である。
　　　　　2　最初から怒っている。
　　　　　3　要求をはっきりと言う。

問題51　　1　冷静に話を聞く。
　　　　　2　大声で怒鳴り返す。
　　　　　3　話す前に椅子を勧める。

問題52　　1　客のタイプによって対応を変えるべきだ。
　　　　　2　クレームを言う客は2つのタイプに分かれる。
　　　　　3　どんな客の要求にもすぐに応じたほうがいい。

6

問題53　　1　3.3パーセント
　　　　　2　9.5パーセント
　　　　　3　28パーセント

問題54　　1　物価の下落
　　　　　2　賃金の上昇
　　　　　3　増税前の駆け込み需要

問題55　　1　家庭用耐久財
　　　　　2　交通関連商品
　　　　　3　日用品

終わり

実用日本語検定

TEST OF PRACTICAL JAPANESE

J.TEST

受験番号		氏　名	

注　意

試験が始まるまで、この問題用紙を開けないでください。

日本語検定協会／J.TEST事務局

J.TEST

実用日本語検定

読 解 試 験

1 文法・語彙問題

A 次の文の（　　　）に１・２・３・４の中から最も適当な言葉を入れなさい。

（1）　コンサートの成功はチケットが売れるかどうか（　　　）かかっている。
　　　　1　で　　　　　　　2　に　　　　　　　3　が　　　　　　　4　と

（2）　誰か代わりにこの仕事をやってくれる人は（　　　）ものか。
　　　　1　いない　　　　　2　いる　　　　　　3　いた　　　　　　4　いなかった

（3）　貧しい（　　　）家族仲良く楽しく暮らしている。
　　　　1　となると　　　　2　ことだし　　　　3　ばかりに　　　　4　ながらも

（4）　並んで（　　　）してあの店のラーメンを食べたいとは思わない。
　　　　1　から　　　　　　2　だけ　　　　　　3　まで　　　　　　4　とか

（5）　暑さ（　　　）湿度も高く、日本の夏は過ごしにくい。
　　　　1　に応じて　　　　2　に加え　　　　　3　に限り　　　　　4　にあたって

（6）　夫が大声を出すもの（　　　）子供が起きてしまった。
　　　　1　なのに　　　　　2　だから　　　　　3　ので　　　　　　4　より

（7）　家族がどんなに勧めよう（　　　）、父は決して病院へ行かない。
　　　　1　で　　　　　　　2　も　　　　　　　3　が　　　　　　　4　でも

（8）　いつも明るく振る舞っている彼女（　　　）、一人で泣くこともあるだろう。
　　　　1　ってば　　　　　2　たるや　　　　　3　ずくめ　　　　　4　とて

（9）　お客様の（　　　）なしに第三者に個人情報を提供することはございません。
　　　　1　承諾　　　　　　2　承諾する　　　　3　承諾の　　　　　4　承諾して

（10）　パッケージの写真と中身が全然違った。だまされた（　　　）。
　　　　1　感がある　　　　2　兆しがある　　　3　始末だ　　　　　4　値する

（11）　彼は完成品（　　　）設計図すら提出できなかった。
　　　　1　を兼ねて　　　　2　となっては　　　3　はおろか　　　　4　に即して

(12) 駅から近く、値段も（　　　　）とあれば、予約が取りにくいだろう。
1　安い　　　　　　2　安くて　　　　　3　安かろう　　　　4　安

(13) 人は誰（　　　　）ミスを犯す。大切なことは同じミスを繰り返さないことだ。
1　たらん　　　　2　なんぞ　　　　3　でなしに　　　4　しも

(14) 丁寧な言葉遣いだが、（　　　　）ようによっては皮肉にも思える。
1　受け取って　　2　受け取り　　　3　受け取ら　　　4　受け取る

(15) 現実的な目標を立てなければ、計画（　　　　）に終わるだろう。
1　まみれ　　　　2　はずみ　　　　3　倒れ　　　　　4　矢先

(16) 森田：「原さんは英語ができるんですか」
山崎：「うん。（　　　　）社内一だと思うよ」
1　英語ができる割に　　　　　　　　2　英語を通して
3　英語にかけては　　　　　　　　　4　英語ができるからといって

(17) 木村：「明日までに提出のレポート、田中さん、もう終わっていますかね」
遠藤：「（　　　　）もう提出しているでしょう。いつも仕事が早いから」
1　田中さんにしては　　　　　　　　2　田中さんのことだから
3　田中さんに限って　　　　　　　　4　田中さんのくせに

(18) Ａ：「本当にいろいろとお世話になりました」
Ｂ：「いいえ、（　　　　）、ぜひまたお立ち寄りください」
1　近くに来られた折には　　　　　　2　近くにいる合間に
3　近くに来るかたわら　　　　　　　4　近くに来られたそばから

(19) Ａ：「その仕事、今日中に終わりそうですか」
Ｂ：「そんなに難しくないので、（　　　　）終わると思います」
1　仕事なればこそ　　　　　　　　　2　明日中であろうと
3　仕事もそこそこに　　　　　　　　4　1時間足らずで

(20) Ａ：「あれ？　その見積書、昨日出したんじゃなかった？」
Ｂ：「そうなんだけど、価格を間違えていたから（　　　　）」
1　作り直すはめになったんだ　　　　2　作りごたえがあるんだ
3　作り直すにしのびないんだ　　　　4　作っては何にもならないんだ

B　次の文の（　　）に1・2・3・4の中から最も適当な言葉を入れなさい。

(21)　この部品は中国で（　　）している。
　　　1　産業　　　　　2　製造　　　　　3　商売　　　　　4　産物

(22)　文字が薄くなってきたので、プリンターの（　　）を換えます。
　　　1　キーボード　　2　マウス　　　　3　インク　　　　4　モニター

(23)　今日は来客や電話が多く、（　　）一日だった。
　　　1　みにくい　　　2　ひきょうな　　3　あわただしい　4　あいまいな

(24)　町田さん、さっきまで仕事してたのに、（　　）帰っちゃったみたい。
　　　1　いつの間にか　2　いっそ　　　　3　いちいち　　　4　つい

(25)　長坂課長には（　　）ともにお世話になっています。
　　　1　公私　　　　　2　公正　　　　　3　公平　　　　　4　公立

(26)　その提案は私にとって（　　）都合だった。
　　　1　好　　　　　　2　良　　　　　　3　悪　　　　　　4　非

(27)　この件に関しましてはコメントを（　　）させていただきます。
　　　1　差し出　　　　2　差し引き　　　3　差し支え　　　4　差し控え

(28)　これは少子高齢化に（　　）をかけようとする政策である。
　　　1　口裏　　　　　2　歯止め　　　　3　手の内　　　　4　足かせ

(29)　役員の不祥事が報道され、抗議の電話が（　　）かかってくる。
　　　1　ふがいなく　　2　とりたてて　　3　切実に　　　　4　ひっきりなしに

(30)　この会社を辞めようなんていう気持ちは（　　）ない。
　　　1　さらさら　　　2　ひしひし　　　3　おちおち　　　4　つらつら

C　次の文の_____の意味に最も近いものを１・２・３・４の中から選びなさい。

(31)　名刺が切れた。
　　　１　をなくした　　　２　が汚れた　　　３　がなくなった　４　を変えた

(32)　10分おきにバスが来る。
　　　１　10分過ぎに　　　２　10分に１本　　３　10分遅れで　　４　10分後に

(33)　彼の質問は予想し得るものだった。
　　　１　予想できる　　　　　　　　　　　２　予想通りの
　　　３　予想できない　　　　　　　　　　４　予想と異なる

(34)　子供の泣き声がやかましい。
　　　１　小さい　　　　　　２　うるさい　　　３　かわいい　　　４　苦手だ

(35)　どんな催しになるかわからない。
　　　１　タレント　　　　　２　ジャンル　　　３　イベント　　　４　シフト

(36)　彼は患者に手術をほどこした。
　　　１　頼まれた　　　　２　諦めさせた　　　３　勧めた　　　　４　行った

(37)　課長は席に着くや否やため息をついた。
　　　１　着いたとたん　　　　　　　　　　２　着かずに
　　　３　着いてようやく　　　　　　　　　４　着けなかったので

(38)　彼女が驚くのも無理はない。
　　　１　わけがない　　　　　　　　　　　２　理由がわからない
　　　３　のは納得できない　　　　　　　　４　のは当然だ

(39)　取り急ぎ見積書を添付いたします。
　　　１　詳しい　　　　　　２　とりあえず　　３　忙しいので　　４　大まかな

(40)　彼は営業部の大黒柱である。
　　　１　お荷物　　　　　２　中心人物　　　３　最古参　　　　４　お調子者

2 読解問題

問題 1

次のはがきを読んで問題に答えなさい。

答えは1・2・3・4の中から最も適当なものを1つ選びなさい。

暑中お見舞い申し上げます

暑い日が続いておりますがいかがお過ごしでしょうか。

私どもはおかげさまで皆無事に日々を送っております。

今年はクーラーのスイッチを一週間早く入れました。子供の夏休みには高原のキャンプ場で自然の涼風を楽しみたいと考えております。

これからさらに暑さが（ A ）なるようです。お身体にはくれぐれもお気をつけてお過ごしください。

令和二年七月十九日

山田沙紀

---

(41) （ A ）に入る言葉はどれですか。

1 濃く
2 弱く
3 涼しく
4 厳しく

(42) 山田さんについて、はがきの内容と合っているのはどれですか。

1 今年の夏は過ごしやすいと思っている。
2 これからだんだん涼しくなるのを楽しみにしている。
3 はがきの相手が入院しているので、心配している。
4 今年はエアコンを使い始めるのが早かった。

問題　2

次の文書を読んで問題に答えなさい。
答えは１・２・３・４の中から最も適当なものを１つ選びなさい。

日報　2020 年 9 月 9 日

記載者　中村洋介

(1) 今日取り組んだこと
　　終日、南さんに造本機械の操作の仕方を教えていただきました。

(2) 課題に感じていること
　　機械の操作自体はそれほど難しくありませんが、ボタンやレバーの位置、紙の種類やサイズなど覚えることが沢山あり、メモを取るだけで手一杯でした。途中、川村課長からお話がありました。今月末は納期ラッシュのため、早く戦力になってほしいとのことでした。しかし、まだ操作に自信を持てないのが現状です。

(3) 明日の予定
　　明朝は定時より30分早く出勤し、今日の復習をします。明日の終業時刻までにはメモを見ずに操作できるよう集中して取り組みます。

---

(43)　中村さんはどこに勤めていますか。
　　　1　印刷工場
　　　2　医薬品会社
　　　3　自動車工場
　　　4　書店

(44)　文書の内容と合っているのはどれですか。
　　　1　南さんは中村さんにメモを見せながら仕事を教えた。
　　　2　中村さんは今日教わった作業をまだ完璧に覚えていない。
　　　3　中村さんは明日、今日取り組んだことのメモを作成する。
　　　4　川村課長は中村さんに朝早く出社してほしいと思っている。

問題　3

次の文章を読んで問題に答えなさい。
答えは１・２・３・４の中から最も適当なものを１つ選びなさい。

犬と子供が仲良くする方法

獣医師　井上舞

　犬を飼っているご夫婦から「子供が生まれたら、犬はうまく（＊１）受け入れられるのでしょうか？」という相談を受けることがよくあります。

　犬は群れを作る社会性のある生き物ですから、基本的には受け入れることができます。しかし、これまで家族の愛情を独り占めしていたとしたら、赤ちゃんに（＊２）やきもちを焼いてしまうことも。愛犬が赤ちゃんをスムーズに受け入れられることができるよう（＊３）配慮しましょう。

　例えば…。妊娠中は、出産準備で忙しいかもしれませんが、犬をほったらかしにしないこと。そして、赤ちゃん誕生後は、家族中の注目が赤ちゃんに集まりがちです。愛犬に注意を払わないことが続くと、犬は気を引こうとして、今までなかったいたずらや吠えなどが出てしまうこともあります。

　お母さんが赤ちゃんの世話をする間はお父さんが犬と遊ぶ、お散歩の際に赤ちゃんにだけ注意が向かないようにする、などを心掛けましょう。誰かが赤ちゃんの世話をしている間は、自分にも良いことがあると分かれば、やきもちを焼くことも少なくなります。

　また、日中、お母さんと赤ちゃんが２人きりの場合は、愛犬にご飯やおやつをあげたり、大好きなおもちゃを与えたりするのもいいでしょう。

　赤ちゃんが成長し、だんだん愛犬を認識するようになると、犬は自分から近づくかもしれません。大抵の犬は相手が子供だと理解しているので、良き遊び相手となることでしょう。

（＊１）受け入れられる…嫌がらずに迎えられる
（＊２）やきもちを焼いて…羨ましくて憎いと思って
（＊３）配慮しましょう…相手のことを考えて気を遣いましょう

（「産経新聞」2014年2月14日付より一部改）

(45) 筆者は、赤ちゃんが生まれた後、犬がいたずらをすることがあるのはなぜだと言っていますか。
  1 自分に注目してほしいから
  2 赤ちゃんに楽しんでほしいから
  3 ご飯やおやつがほしいから
  4 家族を困らせたいから

(46) 筆者は、どうしたら犬が子供を受け入れやすくなると言っていますか。
  1 犬の散歩に行く時は、子供を連れて行かないようにする。
  2 母親が子供の世話をしている時は、父親が犬の面倒をみるようにする。
  3 犬と子供を一緒に遊ばせるようにする。
  4 犬の世話を子供にさせるようにする。

問題　4

次のメールを読んで問題に答えなさい。
答えは1・2・3・4の中から最も適当なものを1つ選びなさい。

2020年6月25日

件名：資料送付の件

タナカ電器株式会社　北村様

株式会社太洋朝日の吉川でございます。
本日は、弊社製品ＢＢシリーズの展示会にお立ち寄りいただき、誠にありがとうございました。
ぜひ具体的にご検討いただきたく、下記の資料を添付ファイルにてお送りいたします。ご査収ください。

1　ＢＢシリーズ商品仕様書
2　価格表
3　注文書

---

(47)　北村さんは、このメールを読んだ後、何をしますか。
　　　1　商品仕様書を作成する。
　　　2　次回の展示会に参加するかどうか決める。
　　　3　ＢＢシリーズの金額を決める。
　　　4　ＢＢシリーズを購入するかどうか決める。

(48)　メールの内容と合っているのはどれですか。
　　　1　6月25日、北村さんは吉川さんに会った。
　　　2　6月25日、タナカ電器の展示会が開催された。
　　　3　ＢＢシリーズの仕様が変更された。
　　　4　太洋朝日の製品がシリーズ化されることになった。

問題　5

次の文章を読んで問題に答えなさい。
答えは１・２・３・４の中から最も適当なものを１つ選びなさい。

お客様に安心感を与える値付けとは

　最近、全メニュー300円前後という均一価格（かかく）をウリにする居酒屋が増えている。何を頼んでも料金が同じという安心感が、消費者に支持されているのだろう。

　確かに、いくら掛かるか分からないという状態（じょうたい）は、消費者に強いストレスを与える。しかし、こうした苦痛は、<u>商品の値付けを工夫する</u>ことで取り除ける。

　ポイントは商品間の価格差を広げすぎないことだ。

　具体的には、「パスタ」「ピザ」「ドリア」など料理のカテゴリー（品種）ごとに、一番安い価格の料理と一番高い料理の価格の差を２倍以内に収める。「(*)サイゼリヤ」でもパスタで一番安い「ペペロンチーノ」は299円。一番高いパスタは「森のきのこのスパゲティ」など499円で数種類と、価格差は２倍以内に抑えている。

　価格差を２倍以内にとどめておくと、どれを頼んでも無茶な金額にはならないという印象をお客様に与えられる。だから、お客様は安心して料理を選ぶことができる。（…中略…）

　ちなみに、消費者がストレスを感じずに払える金額は朝昼夜（こと）で異なる。

　比率は朝昼夜の順で１：２：４。普段の昼食に 500 円使う人は、夕食は 1000 円まで、朝食は 250 円までならストレスを感じずにお金を払えるという傾向にあるわけだ。

　（＊）サイゼリヤ…イタリア料理のファミリーレストラン

（正垣泰彦『おいしいから売れるのではない　売れているのがおいしい料理だ』
日経ＢＰ社より一部改）

---

(49)　下線部「<u>商品の値付けを工夫する</u>」の例として合っているのはどれか。
　　　１　全メニューを同じ価格（かかく）にする。
　　　２　全てのピザの価格を1000円から1500円の間にする。
　　　３　ピザとパスタの価格差を２倍以内にする。
　　　４　同じ定食でも朝と夜で価格を変える。

(50)　文章の内容と合っているのはどれですか。
　　　１　消費者は味より価格（かかく）を重視（じゅうし）する。
　　　２　価格が安い洋食屋が増えている。
　　　３　高くても均一価格だとストレスを感じない。
　　　４　価格が予想できないと消費者は安心できない。

問題　6

次のメールを読んで問題に答えなさい。
答えは１・２・３・４の中から最も適当なものを１つ選びなさい。

2020/7/3　15:19

件名：返品受付いたしました

新井 悟 様

ＡＢＣネットの佐々木と申します。

この度、ご購入いただいた「ハンガーラック」に不具合があり、
新井様に多大なご迷惑をおかけしましたこと、心よりお詫び申し上げます。
ご返送いただいた商品を弊社で受領したのち、速やかに返金いたします。

大変お手数をおかけしますが、お届け時の段ボールに貼られている
バーコードシールか、納品書を同梱しご返送ください。
返送料につきましては、宅配便の着払いをご利用ください。
返送先住所は以下の通りです。

ＡＢＣネット　大型商品返送係
〒123-45XX
東京都港区芝公園 XX-6

この度の不手際につきまして、改めてお詫び申し上げます。

================================
ＡＢＣネット
ご注文、ご配送に関するお問い合わせ
Tel：0120-XXX-XXX
受付　9：00～18：30（日曜日定休）
================================

(51) 新井さんは、このメールを読んだ後、何をしますか。
　　1　返品したい商品と必要なものを同梱して、宅配便で送る。
　　2　ＡＢＣネットへ連絡をしてから返品したい商品を宅配便で送る。
　　3　商品が宅配便で届くのを待つ。
　　4　ＡＢＣネットからの返金を待つ。

(52) ＡＢＣネットにおける商品返品について、メールの内容と合っているのはどれですか。
　　1　商品交換は可能だが、返金はできない。
　　2　返送前にＡＢＣネットに連絡をしなければならない。
　　3　返送料はＡＢＣネット側の負担となる。
　　4　返送時には段ボールに貼られていたバーコードシールと納品書の両方が必要になる。

問題 7

次の文章を読んで問題に答えなさい。
答えは1・2・3・4の中から最も適当なものを1つ選びなさい。

<書評>
『世界が認めたニッポンの居眠り　通勤電車のウトウトにも意味があった』
ブリギッテ・シテーガ 著／畔上司 訳（阪急コミュニケーションズ）

居眠りしても叱られないかも

石飛伽能

　通勤途中の車内で眠りこむサラリーマンにOL。昼食後、ライトバンの中で爆睡する職人たち。コンサートや観劇中に（*1）舟を漕ぐ観客。授業中に机に突っ伏す生徒。議会中にうとうとする国会議員。

　こうした光景は、ニッポンを訪れる外国人を少なからず驚かせる。眠りというプライベートな行為が、これだけ大っぴらに公的な場所で行なわれていることに驚愕する。

　勤勉で知られる日本人なのに、怠惰なイメージの強い日中の睡眠をこれほど日常的に行なっているとはなんたる（　A　）。

　こうして、日本国外で唯一、文化的な視点から日本の居眠りを研究するケンブリッジ大学の文化人類学者は、壮大な「居眠り」論を繰り広げる。

　（*2）平安・鎌倉の（*3）絵巻を引用してすでに居眠りが広まっていたこと、19世紀末まで日本では十二支で時間を表す不定時法が採用されていたこと、いつでも寝室スペースを作れる布団文化があることなどを紹介し、日本の居眠りの歴史背景を探っていく。

（…中略…）

　70年代から日本人が余暇を積極的に楽しむようになり、もともと短かった夜間睡眠がさらに短縮されたという経緯にもなるほどと思わされる。

　さらに、安心して電車内で眠ることができるほど、日本は安全であるという説とは真逆の仮説も登場する。動物は周囲の危険から身を守るために、熟睡を避けて短い眠りを積み重ねる。これと同様、日本人がよく居眠りをするのは、安全だからではなく、長い歴史上、その逆の環境だったからではないかという仮説だ。

　いずれにしろ、現代の（*4）趨勢は8時間睡眠至上主義に（*5）懐疑的になっている。グローバル化と人工的な（*6）白夜時代にあっては、夜間睡眠の短縮化が推奨され、日本の居眠りは効率的な「イネムリ」として注目されているのだという。

（＊１）舟を漕ぐ…居眠りをする
（＊２）平安・鎌倉…平安時代（794〜1185年）と鎌倉時代（1185〜1333年）
（＊３）絵巻…紙に物語などを絵で表して巻いたもの
（＊４）趨勢…社会の流れ
（＊５）懐疑的…疑っている状態
（＊６）白夜…太陽が一日中出ていて薄明るい夜

（「AERA」2013年10月14日号より一部改）

(53)　（　Ａ　）に入る言葉はどれですか。
　　　1　矛盾
　　　2　無礼
　　　3　無駄
　　　4　迷惑

(54)　日本の居眠りについて、紹介されている本の内容と合っているのはどれですか。
　　　1　日本人の余暇が増えた時代に日本の居眠りは生まれた。
　　　2　短縮傾向にある夜間睡眠を補うものとして意味がある。
　　　3　日本の治安の良さが日本人の居眠りを助長している。
　　　4　怠惰な風習であるが、夜間睡眠のとり方次第で改善できる。

問題 8

次の文章を読んで問題に答えなさい。
答えは１・２・３・４の中から最も適当なものを１つ選びなさい。

目的買いのタイプ、衝動買いのタイプ

まず目的買いと衝動買いの対象の違いを明らかにしよう。

目的買いに合った商品には二種類ある。それは、どれを買っても大差ないという最寄品（高頻度で購入する必需品）か、これでなければならないという専門品という両極の商品である。例えば、前者はコンビニエンスストアで買う商品、後者は事前に情報収集し、最終的に専門店で指名買いで買うタイプの商品である。購入経験が豊富かまたは事前の豊富な情報収集が前提にあるので、的確に価値と品質、値ごろ感が識別された上で購入される。

一方、衝動買いの対象になる商品は、買い回り価格・内容を比較する中で瞬間的に購入を判断・決意される商品である。これらは失敗リスクを考慮して高額商品ではない。つまり、衝動買いの対象となる商品特性は、目的買いの対象となる商品以外の商品である。それほど高価格ではない買い回り品（比較の中で購入を決める選択的な商品群）か、必需品だがそれほど高頻度では買わない低価格商品ということになる。後者は例えば、菓子類などがそれに当たる。つまり、衝動買いの対象となる商品は必需品と選択品の境界線にある商品とも言える。（　Ａ　）、本来は必ずしも必要としない選択品のカテゴリーに属しているが、ちょっとした意識操作により容易に必需品のカテゴリーに移りやすいところに位置している商品群である。

（…中略…）

俗に、男性は衝動買いしやすく、女性はそれに対して目的買いであると言われている。これは本当だろうか。否である。

衝動買いしやすいか否かは、その人の購買経験の差から生じる。購買経験の豊富な人は、的確に価格と品質を見分ける識別眼を持っているから、衝動買いには走りにくい。ピンポイントで対象を特定することができる。逆に購買経験に乏しい人は、余計に買い回り、比較することを強いられるとともに、価格と品質との選別もそれほどしっかりしているわけではないので、衝動買いに走りやすい。つまり、衝動買いしやすいかどうかは、男女差ではない。

自ら家計を切り盛りしている男性がいるとすれば、その男性は目的買いに近くなるし、逆に家計にタッチしていない女性なら、衝動買いしやすいと言える。家計にタッチしていない男性の方が多いから、結果として男性が衝動買いしやすくなっているだけである。

（徳田賢二『おまけより割引してほしい』筑摩書房より一部改）

(55) （　　A　　）に入る言葉はどれですか。
1　まして
2　もはや
3　言い換えれば
4　さぞかし

(56) 衝動買いに走りやすい人はどんな人ですか。
1　購買経験が豊富で、価格と品質を見分けられる人
2　購買経験が豊富で、余計に買い回ってしまう人
3　購買経験に乏しく、価格と品質の選別がしっかりしていない人
4　購買経験に乏しいが、ピンポイントで対象を特定できる人

(57) 文章の内容と合っているのはどれですか。
1　低価格の商品を目的買いすることはない。
2　高額商品は価値と品質を識別し、目的買いをするべきだ。
3　低価格商品であれば衝動買いしてもいい。
4　衝動買いの対象は必要なものとそうでないものの中間に存在する。

問題　9

次のチラシを読んで問題に答えなさい。
答えは１・２・３・４の中から最も適当なものを１つ選びなさい。

プロのかたづけ

見積無料
24 時間見積受付

左の QR コード
または
ホームページより
http://katazuke.XX.jp/

高価買取

引っ越し・家屋解体などに
ともなう不用品
誠実査定します！

当社が買い取った不用品は、リサイクルショップ「夢幻堂」をはじめ、タイアップの優良業者へ転売します。買取価格が作業費を大幅に上回ることも稀ではありません。

女性スタッフ多数
女性のお客様は女性スタッフをご指名いただけます。

只今、キャンペーン期間中

お見積り時より 24 時間以内の契約で作業費用 3000 円引き。
お見積り訪問時の契約で**作業費用 5000 円引き。**
（ただし作業費が２万円を超える場合。買取価格が高額になっても適用。
　一部家電製品などの引き取り費用は、作業費には含まれません）

遺品等につきましては作法にのっとり丁寧に扱わせていただきます。
位牌・仏壇には別途供養料などがかかりますが、当社規定によるリーズナブルな料金となっております。

株式会社 プロのかたづけ社　〇〇市□区△町 3-39
電話　代表 0120-345-XXXX　見積依頼 0120-345-XXXX（8 時〜21 時）

(58) このチラシの事業者が行っている業務に含まれるのはどれですか。
　　1　リサイクルショップの経営
　　2　葬式の執り行い
　　3　家屋の解体
　　4　仏壇の処分

(59) 5,000円の値引きが適用されるのはどのケースですか。
　　1　見積りを頼んでから24時間以内に作業費15,000円、買取0円の契約をした。
　　2　見積りに来た社員とその場で作業費35,000円、買取40,000円の契約をした。
　　3　見積り訪問時に作業費15,000円、引き取り費用8,000円の契約をした。
　　4　見積り12時間後に作業費35,000円、買取0円の契約をした。

(60) チラシの内容と合っているのはどれですか。
　　1　女性客のところには女性社員が行くことになっている。
　　2　買取価格が作業費より多くなることは珍しい。
　　3　作業費や引き取り費用が他社に比べてリーズナブルである。
　　4　ホームページや電話で見積りを依頼できる。

3 漢字問題

A 次のひらがなの漢字をそれぞれ１・２・３・４の中から１つ選びなさい。

(61) 玄関（げんかん）の前に木を<u>うえた</u>。
　　　1　育えた　　　　　2　冷えた　　　　　3　植えた　　　　　4　生えた

(62) いつか<u>うちゅう</u>に行ってみたい。
　　　1　天界　　　　　　2　星座　　　　　　3　地球　　　　　　4　宇宙

(63) ごみを<u>すてる</u>な。
　　　1　投てる　　　　　2　捨てる　　　　　3　指てる　　　　　4　拾てる

(64) 上司（じょうし）から<u>はなたば</u>をもらった。
　　　1　花束　　　　　　2　花皿　　　　　　3　花札　　　　　　4　花瓶

(65) 昨日から<u>こし</u>が痛い。
　　　1　腕　　　　　　　2　胸　　　　　　　3　胃　　　　　　　4　腰

(66) 意見を<u>のべる</u>。
　　　1　伝べる　　　　　2　放べる　　　　　3　術べる　　　　　4　述べる

(67) 彼女は<u>だいたん</u>なデザインのワンピースを着ている。
　　　1　代替　　　　　　2　大胆　　　　　　3　大根　　　　　　4　濃淡

(68) それは<u>こわれて</u>いるから使えないよ。
　　　1　壊れて　　　　　2　裂れて　　　　　3　傷れて　　　　　4　損れて

(69) 現場はどんな<u>ようす</u>でしたか。
　　　1　有様　　　　　　2　様相　　　　　　3　様子　　　　　　4　容姿

(70) 部長は出世しても周囲の人々に頭（こうべ）を<u>たれる</u>ことを忘れない。
　　　1　足れる　　　　　2　伏れる　　　　　3　吊れる　　　　　4　垂れる

(71) 借用物を破損、紛失した際には<u>べんしょう</u>しなければならない。
    1 弁護   2 弁慶   3 弁償   4 弁論

(72) この作品は現代社会をうまく<u>びょうしゃ</u>している。
    1 激写   2 描写   3 謄写   4 模写

(73) <u>さっきゅう</u>に対策を講ずる必要がある。
    1 早急   2 刷旧   3 遡及   4 至急

(74) スケジュール調整の為、社内を<u>ほんそう</u>した。
    1 奔走   2 疾走   3 翻弄   4 奉送

(75) 彼の不正は氷山の<u>いっかく</u>だ。
    1 一画   2 一角   3 一郭   4 一隅

B　次の漢字の読み方を例のようにひらがなで書いてください。

・ひらがなは、正しく、ていねいに書いてください。

・漢字の読み方だけ書いてください。

（例）　はやく書いてください。　┌ ┐ │（例）│　　　　　　か　　　　　　│

---

(76)　彼はいつも私の横にいる。

(77)　明日、回答いたします。

(78)　今日は気分が沈んでいる。

(79)　今週は暖かい日が続いている。

(80)　彼女はどちらかというと副業でもうけている。

(81)　会社の健康保険に加入している。

(82)　危険を伴う作業なので、十分注意してください。

(83)　砂利を運ぶ。

(84)　彼女は部下から慕われている。

(85)　唇が切れた。

(86)　資格試験に挑む。

(87)　感極まって涙を流した。

(88)　部長の一言で彼は覚醒した。

(89)　正式名称ではないですが、便宜上このように呼んでおります。

(90)　若手役員が新社長に抜擢された。

4　記述問題

A　例のように＿＿＿＿＿に適当な言葉を入れて文を作ってください。

・文字は、**正しく、ていねいに**書いてください。
・漢字で書くときは、**今の日本の漢字**を**正しく、ていねいに**書いてください。

（例）　きのう、＿＿＿＿＿＿でパンを＿＿＿＿＿＿。
　　　　　　　　　　（A）　　　　　　　　　（B）

（例）	（A）	スーパー	（B）	買いました

---

(91)　A：空を見てください。雨が＿＿＿＿＿＿そうですよ。
　　　　　　　　　　　　　　　　　　（A）

　　　　B：じゃ、＿＿＿＿＿＿を持って行きましょう。
　　　　　　　　　　　（B）

(92)　冷房が強すぎて、＿＿＿＿＿＿というより＿＿＿＿＿＿くらいだ。
　　　　　　　　　　　　　　（A）　　　　　　　　　　（B）

(93)　一人暮らしを＿＿＿＿＿＿と言っても、親に＿＿＿＿＿＿に決まっている。
　　　　　　　　　　（A）　　　　　　　　　　　　（B）

(94)　年を＿＿＿＿＿＿と、新聞の小さい文字が＿＿＿＿＿＿づらくなる。
　　　　　　（A）　　　　　　　　　　　　　（B）

(95)　10年前に日本へ＿＿＿＿＿＿以来、ずっと同じアパートに＿＿＿＿＿＿いる。
　　　　　　　　　　（A）　　　　　　　　　　　　　　　（B）

B　例のように３つの言葉を全部使って、会話や文章に合う文を作ってください。

・【　　】の中の文だけ書いてください。
・１.→２.→３.の順に言葉を使ってください。
・言葉の＿＿＿の部分は、形を変えてもいいです。
・文字は、正しく、ていねいに書いてください。
・漢字で書くときは、今の日本の漢字を正しく、ていねいに書いてください。

（例）
きのう、【　１.　どこ　　→　２.　パン　　→　３.　買う　】か。

（例）	どこでパンを買いました

(96)

学生：入院していたので、レポートがまだできていないのですが。

先生：それなら、【　１.　３日くらい　→　２.　提出　→　３.　遅れる　】
　　　かまいませんよ。

(97)

私は【　１.　インターネット　→　２.　通じて　→　３.　仕事　】見つけました。

(98)

A：髪の毛、ずいぶん伸びましたね。

B：ええ。忙しくて、髪を【　１.　切る　→　２.　行く　→　３.　時間　】さえ
　　ないんですよ。

(99)

彼は【　１.　英語　→　２.　もとより　→　３.　フランス語　】話せるらしい。

(100)

課長は【　１.　君　→　２.　期待する　→　３.　こそ　】、厳しく注意するんだよ。

J.TEST

実用日本語検定

聴 解 試 験

1 写真問題（問題1〜10）

例題

例題1
例題2

例題1→	れい1	● ② ③ ④	（答えは解答用紙にマークしてください）
例題2→	れい2	① ② ● ④	（答えは解答用紙にマークしてください）

A 問題1
　　問題2

B 問題3
  問題4

C 問題5
  問題6

D　問題7
　問題8

E　問題9

F　問題10

2 聴読解問題 （問題11〜20）

例題
 	
例題1
例題2
	① ② 株式会社ＧＫ出版
	
	    営業部
	      部長 吉 田 一 郎
	         YOSHIDA Ichiro
	
	③ 〒130-0021 東京都墨田区緑×-×-×
	    TEL:03-3633-xxxx E-mail:yoshida@XX.jp ④

例題1→	れい1 ① ● ③ ④	（答えは解答用紙にマークしてください）
例題2→	れい2 ① ② ● ④	（答えは解答用紙にマークしてください）

G 問題11
　問題12

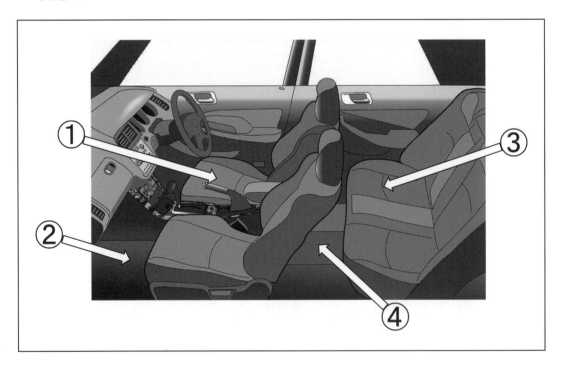

H　問題13
　　問題14

I　問題15

① 2.7 時間

② 5.6 時間

③ 7.5 時間

④ 12.6 時間

問題16

① 課外活動の指導
　かがい　　しどう

② 書類作成

③ 職能開発活動

④ 生徒に与える課題の作成

J 問題17
　問題18

売上高及び利益率の増減

店舗(てんぽ)	売上高	利益率
①	＋ 0.7 ％	＋ 6.5 ％
②	＋ 6.0 ％	＋ 1.3 ％
③	＋ 4.9 ％	＋ 5.4 ％
④	－ 3.6 ％	＋ 0.4 ％

K 問題19
　問題20

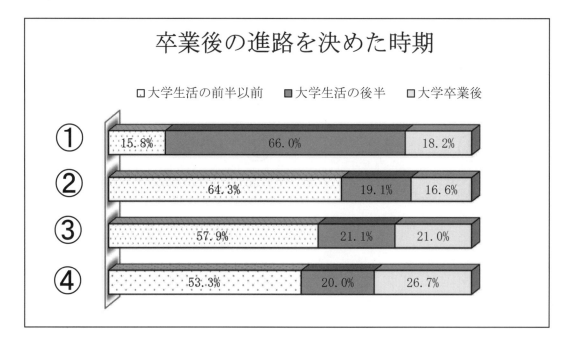

卒業後の進路を決めた時期

□大学生活の前半以前　■大学生活の後半　□大学卒業後

① 15.8% / 66.0% / 18.2%
② 64.3% / 19.1% / 16.6%
③ 57.9% / 21.1% / 21.0%
④ 53.3% / 20.0% / 26.7%

3 応答問題 (問題21〜40)

(問題だけ聞いて答えてください)

問題21

問題22

問題23

問題24

問題25

問題26

問題27

問題28

問題29

問題30

問題31

問題32

問題33

問題34

問題35

問題36

問題37

問題38

問題39

問題40

メモ (MEMO)

4 会話・説明問題 （問題41～55）

例題	1　資料のコピー
	2　資料のチェック
	3　資料の作成

れい	①　●　③	（答えは解答用紙にマークしてください）

1

問題41　　1　服を脱いでみた。
　　　　　　　2　体を動かしてみた。
　　　　　　　3　浮かんでみた。

問題42　　1　溺れない方法
　　　　　　　2　服を着たまま泳ぐ方法
　　　　　　　3　水中から声を出して助けを呼ぶ方法

2

問題43　　1　昔の自動販売機
　　　　　　　2　昔の建造物
　　　　　　　3　昔の小銭

問題44　　1　飲み物を買う。
　　　　　　　2　寄付を行う。
　　　　　　　3　財布を見せる。

3

問題45　　　1　公式キャラクターグッズが当たるキャンペーンを行う。

　　　　　　　2　公式キャラクターが店で客と触れ合う。

　　　　　　　3　公式キャラクターを使い宣伝動画を作成する。

問題46　　　1　店内で公式アカウントを開くと抽選ができる。

　　　　　　　2　スイーツが割引価格で購入できるクーポンを発行する。

　　　　　　　3　会計時に公式アカウントを見せるとポイントが貯まる。

問題47　　　1　SNS公式アカウントの開設

　　　　　　　2　宣伝動画の作成

　　　　　　　3　企画書の作成

4

問題48　　　1　物事を順番に進めること

　　　　　　　2　必要な専門技術を身に付けること

　　　　　　　3　目的を達成するための手順を考えること

問題49　　　1　プログラミングの思考は身近なところでも身に付けられる。

　　　　　　　2　プログラミングは家で学習したほうが効率がいい。

　　　　　　　3　学校でのプログラミング学習は調理実習時に行われる。

5

問題50　　　1　2011年の震災
　　　　　　　2　スマホの普及
　　　　　　　3　クールビスの浸透

問題51　　　1　50代以上の人
　　　　　　　2　若い男性
　　　　　　　3　営業職

問題52　　　1　スーツにリュックというスタイルに抵抗がある。
　　　　　　　2　電車内ではリュックの持ち方に気をつけている。
　　　　　　　3　ノートパソコンをリュックに入れて持ち歩いている。

6

問題53　　　1　解雇されたことについての相談は減っている。
　　　　　　　2　相談件数はこの10年で3倍になった。
　　　　　　　3　人手不足についての相談が増えている。

問題54　　　1　忙しくて自分で手続きができない人
　　　　　　　2　パワハラをしていた人
　　　　　　　3　退職を引き留められている人

問題55　　　1　メールで退職の相談ができる。
　　　　　　　2　不誠実な業者が存在する。
　　　　　　　3　利用料が割高である。

終わり

実用日本語検定

TEST OF PRACTICAL JAPANESE

J.TEST

受験番号		氏　名	

注　意

試験が始まるまで、この問題用紙を開けないでください。

日本語検定協会／J.TEST事務局

J.TEST

実用日本語検定

読 解 試 験

1 文法・語彙問題

A　次の文の（　　　）に1・2・3・4の中から最も適当な言葉を入れなさい。

（1）　面接が始まった（　　　）、頭の中が真っ白になってしまった。
　　　1　ままに　　　　　2　によって　　　　3　とたん　　　　4　うちに

（2）　旅行の申し込み書と（　　　）日程表も入れて送る。
　　　1　すれば　　　　　2　みえて　　　　　3　ともに　　　　4　いうか

（3）　こんなに業績が悪化したのは、この会社が（　　　）以来のことだ。
　　　1　始まる　　　　　2　始まった　　　　3　始まり　　　　4　始まって

（4）　電車の中で男性が人目（　　　）かまわず電話で話をしている。
　　　1　も　　　　　　　2　に　　　　　　　3　で　　　　　　4　は

（5）　（　　　）たまるかという気持ちで頑張ってきた。
　　　1　泣くと　　　　　2　泣いて　　　　　3　泣き　　　　　4　泣いた

（6）　行列に並んで（　　　）して話題の店のパンケーキを食べてみようとは思わない。
　　　1　より　　　　　　2　も　　　　　　　3　から　　　　　4　まで

（7）　1日でも（　　　）ものなら、仕事が溜まって大変なことになる。
　　　1　休む　　　　　　2　休もう　　　　　3　休み　　　　　4　休め

（8）　仕事を終えた（　　　）また次の仕事を頼まれるので、とても手が足りない。
　　　1　そばから　　　　2　かというと　　　3　ゆえ　　　　　4　ともなると

（9）　こちらの対応（　　　）、相手も態度を変えるだろう。
　　　1　いかんでは　　　2　次第　　　　　　3　ごとく　　　　4　ときたら

（10）　彼は公務員に（　　　）行動により、くびになった。
　　　1　あっての　　　　2　ならではの　　　3　あるまじき　　4　たえない

（11）　彼が（　　　）が来るまいが、私には関係がない。
　　　1　来い　　　　　　2　来ない　　　　　3　来よう　　　　4　来て

(12) お気に入りの店が閉店してしまい（　　　）極まりない。
　　　1　残念で　　　　　2　残念に　　　　　3　残念　　　　　4　残念な

(13) 昨日、今日（　　　）続けて同じミスをしてしまった。
　　　1　と　　　　　　　2　は　　　　　　　3　に　　　　　　　4　も

(14) 90歳まで働き続けられたのは、健康であれば（　　　）だった。
　　　1　ほど　　　　　　2　こそ　　　　　　3　なんぞ　　　　4　とて

(15) 初秋の（　　　）、いかがお過ごしでしょうか。
　　　1　こと　　　　　　2　候　　　　　　　3　もの　　　　　4　期

(16) A：「アメリカで働いていたのなら英語が話せるんでしょう？」
　　　B：「いえ、アメリカで（　　　）、話せるわけではありませんよ」
　　　1　働けば働くほど　　　　　　　　　2　働きようがなく
　　　3　働いていたからといって　　　　　4　働いてからでないと

(17) A：「まだあの人のこと覚えているのですか」
　　　B：「初恋の人というのは（　　　）ですよ」
　　　1　忘れがたいもの　　　　　　　　　2　忘れるかのよう
　　　3　忘れるほうがまし　　　　　　　　4　忘れかねない

(18) A：「本当に良いものを作っていただいて、ありがとうございます」
　　　B：「そんなに喜んでいただけると、こちらも（　　　）」
　　　1　頑張るのではあるまいか　　　　　2　頑張ったかいがあります
　　　3　頑張ったらきりがありません　　　4　頑張ったためしがありません

(19) 渡辺：「この度の共同事業、私がチーフをさせていただくことになりました」
　　　本田：「よかった。渡辺さんに指示していただけるなら、（　　　）」
　　　1　それまでです　　　　　　　　　　2　喜ぶにはあたらないです
　　　3　心強い限りです　　　　　　　　　4　喜ぶには及びません

(20) 中村：「林さんは本当にうるさいですね」
　　　佐藤：「まったくだね。彼はどんなことも（　　　）ね」
　　　1　見逃すべからず　　　　　　　　　2　見逃すきらいがある
　　　3　見逃さないでもない　　　　　　　4　見逃してくれはしないから

B 次の文の（　　）に1・2・3・4の中から最も適当な言葉を入れなさい。

(21) 娘は（　　）で数学の教師をしている。
　　　1 癖　　　　　2 虹　　　　　3 塾　　　　　4 缶

(22) 通勤（　　）を避けるため、朝早く出勤している。
　　　1 ガイド　　　2 スタイル　　　3 ラッシュ　　　4 ライバル

(23) 履歴書はパソコンで作成せず、（　　）でお願いします。
　　　1 手書き　　　2 手当て　　　3 手入れ　　　4 手品

(24) 課長は（　　）人で、怒っているところは見たことがない。
　　　1 温厚な　　　2 欲張りな　　　3 だらしない　　　4 そそっかしい

(25) 部下の書いた書類に（　　）を通す。
　　　1 指　　　　　2 口　　　　　3 手　　　　　4 目

(26) このままでは商談が（　　）進まない。
　　　1 再三　　　　2 一向に　　　3 目下　　　　4 とっくに

(27) 部長はとても（　　）なので、デスクの整理整頓にもうるさい。
　　　1 几帳面　　　2 いい加減　　　3 きらびやか　　　4 あやふや

(28) たいして欲しくもなかったのに、（　　）的に買ってしまった。
　　　1 利己　　　　2 独善　　　　3 衝動　　　　4 消極

(29) 新製品の評価はユーザーの間でも（　　）だった。
　　　1 だらだら　　　2 さめざめ　　　3 とんとん　　　4 まちまち

(30) 受験生の兄は、脇目も（　　）勉強している。
　　　1 かけず　　　2 ふらず　　　3 そらさず　　　4 かまけず

C　次の文の＿＿＿＿の意味に最も近いものを１・２・３・４の中から選びなさい。

(31)　松本さんはパソコンにかけては誰よりも詳しい。
　　　　1　については　　　2　だけは　　　　　3　以外は　　　　　4　が得意で

(32)　駅で同級生に会った。
　　　　1　同じ部活の人　　　　　　　　　　　2　同じ学校の先輩
　　　　3　同じ学年の人　　　　　　　　　　　4　同じ学校の後輩

(33)　試合の結果が残念でならない。
　　　　1　とても残念だ　　　　　　　　　　　2　まったく残念ではない
　　　　3　少し残念だ　　　　　　　　　　　　4　残念ではなさそうだ

(34)　彼は昨日と逆のことを言っている。
　　　　1　少し違う　　　2　反対の　　　　　3　全く同じ　　　4　全然違う

(35)　花が散ってしまった。
　　　　1　濡れて　　　　　2　汚れて　　　　3　枯れて　　　　4　落ちて

(36)　船に燃料を積む。
　　　　1　食糧や水　　　　　　　　　　　　　2　石油や石炭
　　　　3　自動車やバイク　　　　　　　　　　4　木材やプラスチック

(37)　今、手がふさがっている。
　　　　1　落ち込んでいる　　　　　　　　　　2　暇だ
　　　　3　興奮している　　　　　　　　　　　4　忙しい

(38)　クライアントから要望が出た。
　　　　1　顧客　　　　　　2　消費者　　　　3　上司　　　　4　部下

(39)　従来品に比べると、しなやかな素材だ。
　　　　1　長寿命の　　　2　弾力がある　　　3　剛性が高い　　　4　低価格の

(40)　この会社は、右肩上がりだ。
　　　　1　経営が厳しい　　　　　　　　　　　2　利益が多い
　　　　3　成長している　　　　　　　　　　　4　名が知られている

2　読解問題

問題　1

次のメールを読んで問題に答えなさい。
答えは１・２・３・４の中から最も適当なものを１つ選びなさい。

2020 年 9 月 8 日

件名：サクマ社との打ち合わせ

中田さん

お疲れさまです。加藤です。

サクマ社の川村さんが 16 時にいらっしゃいますが、16 時までに会社に戻れそうにありません。15 分ぐらい遅れそうです。
川村さんがいらっしゃったら応接室にご案内し、少々お待ちいただくよう伝えてください。
よろしくお願いします。

---

(41)　加藤さんは今どこにいますか。
　　　1　会社の中
　　　2　会社の外
　　　3　会社の応接室
　　　4　サクマ社

(42)　加藤さんは中田さんに何をお願いしましたか。
　　　1　川村さんとの打ち合わせ
　　　2　サクマ社への訪問
　　　3　川村さんとの打ち合わせの時間変更
　　　4　川村さんが来た時の対応

問題　2

次のメールを読んで問題に答えなさい。
答えは１・２・３・４の中から最も適当なものを１つ選びなさい。

2020 年 8 月 25 日

件名：NBS 社からご紹介（株式会社かつら　佐伯美幸）

チャレンジ株式会社　安達　様

突然のメール失礼いたします。
株式会社かつらの佐伯美幸と申します。
NBS 株式会社の森様よりご紹介をいただき、メールを差し上げました。

貴社にて会計システムの導入を検討されていると伺いましたが、弊社のシステム
は全国 100 社以上に採用いただいております。貴社の業務効率化にもお役に立てる
かと思います。
つきましては、詳しくサービスやプランなどをご案内できればと思っております。

以下の日程でご都合のいい時間帯はございますでしょうか。
・8 月 27 日（木）　10:00〜18:00
・8 月 28 日（金）　10:00〜15:00、17:00〜18:00
お手数をおかけいたしますが、ご訪問させていただける日時をご返信いただけます
でしょうか。どうぞよろしくお願い申し上げます。

---

(43)　森さんは何をしましたか。
　　　1　佐伯さんに安達さんを紹介した。
　　　2　佐伯さんと一緒に安達さんの会社を訪問した。
　　　3　安達さんに会計システムの導入を依頼した。
　　　4　安達さんに会計システムを紹介した。

(44)　安達さんはメールを読んだ後、まず何をしますか。
　　　1　メールでシステムの説明をする。
　　　2　メールで資料を送る。
　　　3　メールで訪問できる日時を伝える。
　　　4　メールで都合のいい日時を返事する。

問題　3

次の文書を読んで問題に答えなさい。
答えは１・２・３・４の中から最も適当なものを１つ選びなさい。

2020 年 8 月 3 日 （月）

各位

総務部

「ビジネスマナー研修」について

ビジネスマナー研修を下記の通り行います。

記

日時　　：2020 年 8 月 21 日 （金）　午後 3 時 30 分～5 時 30 分
場所　　：会議室 1
対象者　：希望者（ただし、今年度の新入社員は必ず参加すること）
内容　　：基本的なビジネスマナー（電話対応、名刺交換、来客対応、敬語など）
講師　　：日本ビジネスマナー研究所　林郁子氏
持ち物　：筆記用具、名刺
その他　：参加希望者は 8 月 10 日 （月）までに、総務部までご連絡ください。やむを得ず欠席する場合は必ず総務部までご連絡ください。

以上

---

(45)　この研修に参加するのは誰ですか。
1　社員全員
2　希望者のみ
3　新入社員のみ
4　新入社員全員と希望者

(46)　文書の内容と合っているのはどれですか。
1　研修は 1 日だけ行われる。
2　研修の講師は、総務部の社員である。
3　参加者は何も持って来なくていい。
4　研修では、名刺交換のマナーについてだけ学ぶ。

問題　4

次の文書を読んで問題に答えなさい。
答えは1・2・3・4の中から最も適当なものを1つ選びなさい。

2020年8月1日

大和書店　営業部
吉田誠　様

東山出版　営業部
三浦智子

「鉄道マガジン」504号　発売中止のお詫び

拝啓　平素は格別のご高配を賜り、誠にありがとうございます。

　さて、来月発売を予定しておりました「鉄道マガジン」504号でございますが、先月発生しました地震の影響を受け、通常の編集作業が難しい状況のため、残念ながら発売中止とさせていただくことになりました。
　今後の発売時期は未定ですが、少しでも早くお届けできるよう努力してまいりますので、何卒ご理解いただけますよう、お願いいたします。

敬具

【発売中止商品】

9月1日発売　「鉄道マガジン」504号（2020年10月号）

---

(47)　次回の「鉄道マガジン」の発売日はいつですか。
1　2020年8月1日
2　2020年9月1日
3　2020年10月1日
4　まだ決まっていない。

(48)　文書の内容と合っているのはどれですか。
1　「鉄道マガジン」504号は予定通り発売される。
2　普段通りの業務が困難な状況である。
3　通常より早く雑誌を発売する予定である。
4　「鉄道マガジン」は今後出版されない。

問題　5

次の文章を読んで問題に答えなさい。
答えは１・２・３・４の中から最も適当なものを１つ選びなさい。

　　（＊１）エベレストに登頂する、なんて聞くと、一般の方はずーっと登り続けているようなイメージがあるようですが、違います。午前中登ったら、午後はテントで休みます。山に滞在するほとんどが、そんな時間です。なので、テントの中で、どう時間をつぶすか、どう有意義に過ごすか、けっこう大事になってくる。たいていの（＊２）クライマーが、自分の趣味を持ち込みます。絵を描く人もいれば、写真を撮る人もいる。でも一番多いのは、本を読む人。僕も含めて、山に登る人間は、山での体験を文章に残す人が多いでしょう。そのせいか、本を読むことが好きなんです。それぞれまったく趣の違う、自分の好きな本を持ち込むから、テントの中はちょっとした図書館のようになります。

（＊１）エベレスト…世界で一番高い山
（＊２）クライマー…登山者

（三浦雄一郎「旅の道連れ」「週刊朝日」2013 年 2 月 22 日号より一部改）

---

(49)　　筆者について、文章の内容と合っているのはどれですか。
　　1　異なる趣味を持つ人と一緒に山に登っているので楽しい。
　　2　様々な本を読んで文章を書くのが好きになった。
　　3　山で休む時間は自分の好きなことをして有意義に過ごしている。
　　4　山の楽しさを最もよく伝えるのは文章だと思っている。

問題　6

次の文章を読んで問題に答えなさい。
答えは１・２・３・４の中から最も適当なものを１つ選びなさい。

　通勤コースに、桜並木が美しい緑地公園がある。川沿いの桜のトンネルを駆け抜けるのは、この時期だけの楽しみ。仕事帰りの夜は昼間のにぎわいがうそのような静けさで、街灯の光に照らされた淡いピンク色は幻想的だ。

　住宅街の路上では、昨年からタヌキを見かけるようになった。^(*)つがいなのか２匹でいることもあり、後ろ姿がほほ笑ましい。こんな小さな発見や季節の移ろいを感じられるのが、自転車通勤の魅力だと思う。

（＊）つがい…夫婦

（下桐実雅子「憂楽帳」「毎日新聞」2013 年 4 月 1 日付より一部改）

---

(50)　文章の内容と合っているのはどれですか。
　　1　通勤の電車内から美しい桜の咲いている公園が見える。
　　2　桜が咲く時期だけは、自転車で通勤するのが楽しい。
　　3　通勤コースの公園は昼夜を問わずにぎわっている。
　　4　タヌキを見かけたりすることも自転車通勤の魅力の一つである。

問題　7

次の案内を読んで問題に答えなさい。
答えは１・２・３・４の中から最も適当なものを１つ選びなさい。

成績アップを目指そう！

スタディスクール　姫路校

秋の無料体験教室受付中！

期間　　：９／１～11／30
対象　　：幼児（４歳～６歳）、小学生
教科　　：幼児は国語、算数の２教科
　　　　　小学生は国語、算数、英語の３教科
費用　　：無料
内容　　：学力診断テスト、
　　　　　２回の教室学習＆家庭学習のアドバイス

入会金無料キャンペーンも実施中！
通常５,000円の入会金が無料になります！
※９／１～11／30の期間に入会された方が対象
詳しくは当校またはホームページでご確認ください。

お気軽にお問い合わせください！
スタディスクール　姫路校
079－123-XXXX
http://www.studyschool-himeji.XX
月～土　９：00～17：00

(51) どんな時、スタディスクールの入会金が無料になりますか。

1 秋の無料体験教室に参加した時

2 学力診断テストを受けた時

3 ９月から11月までに入会した時

4 ホームページから申し込んだ時

(52) 秋の無料体験教室について、案内の内容と合っているのはどれですか。

1 家での学習方法について相談ができる。

2 対象は小学校入学前の子供のみである。

3 国語、算数、英語の３教科から１教科のみ受けられる。

4 教室学習は無料だが、学力診断テストは有料となる。

問題　8

次の文章を読んで問題に答えなさい。

答えは１・２・３・４の中から最も適当なものを１つ選びなさい。

氷河期世代を国家公務員に　中途枠で順次採用へ

　政府は二十六日、(＊)バブル崩壊後に就職難だった三十代半ばから四十代半ばの就職氷河期世代の就労支援に向け、国家公務員の中途採用枠で重点的に採用することを決めた。当事者団体や有識者らによる官民連携会議の初会合を首相官邸で開催。安倍晋三首相は「本年度から具体的に取り組む」として関係閣僚に採用や支援に関する行動計画の取りまとめを指示した。近く策定する経済対策に支援策を盛り込み、就労を促す取り組みのための基金も創設する方向で調整する。

　政府は非正規労働者や引きこもりの状況にある約百万人を対象に三年間で正規雇用を三十万人増やす目標を掲げる。（　　Ａ　　）には、不安定な就業環境で高齢化すれば将来の社会保障費の増大を引き起こすとの懸念がある。目標達成には国家公務員での重点採用も不可欠と判断。公務員での採用を積極的に打ち出すことで地方自治体や民間企業への相乗効果や波及効果を見込む。

（…中略…）

　この日の会議で、引きこもりの人や家族らでつくる「ＫＨＪ全国ひきこもり家族会連合会」の伊藤正俊氏は「当事者や家族の思いに寄り添ったきめ細かなケアが重要」と強調。連合の相原康伸事務局長は「時間をかけて、丁寧に対応していくことが必要だ」とくぎを刺した。愛知県の大村秀章知事は「地方が創意工夫して取り組めるよう後押ししてほしい」と述べ、国の財政支援の必要性を指摘。政府は使い道が柔軟な基金を創設することで自治体に多様な支援を促したい考えだ。

（＊）バブル崩壊…1980年代後半から起こった景気の急激な後退

（「東京新聞」2019年11月27日付共同通信配信より一部改）

(53)　（　A　）に入る言葉は、どれですか。

　　　1　調査
　　　2　要求
　　　3　改革
　　　　　かいかく
　　　4　背景

(54)　文章の内容と合っているのはどれですか。

　　　1　国家公務員は非正規労働者としては採用できない。
　　　　　　　　　　こうむ
　　　2　引きこもりの人が三年間で三十万人増えた。
　　　3　政府は就職氷河期世代への就労支援を行うことを決定した。
　　　　　　　　　　　　　　　　　　しゅうろう しえん
　　　4　地方自治体は引きこもり家族へ経済的な支援を行っている。

問題　9

次の文章を読んで問題に答えなさい。
答えは１・２・３・４の中から最も適当なものを１つ選びなさい。

製造が生み出す価値を思う

再生医療イノベーションフォーラム元代表理事会長　戸田雄三

　実はいま、ひそかなプロジェクトを進めている。足柄工場に勤務していたころ住んでいた神奈川県小田原市の戸建てをそのまま残してあるのだが、ここを改装して「鉄道模型の家」にしようというものだ。自宅には納まりきらないような（＊１）ジオラマを作り、鉄道模型を走らせる。

　そのために、(ア) 人材も確保した。工場時代の同僚など鉄道好きの４人の仲間を集めた。技術をもっている人ばかりなので、模型も手作りする。人工知能(AI)や IT が逆立ちしても、手仕事の生み出す価値はつくれない。達人にしかできないことは彼らに任せ、私は酒とつまみの提供、それに電車を運転する役に専念しようと思う。

　だが、製造業を通じて形づくってきた無類の価値を模型作りだけで終わりにするのはあまりにもったいない。研究成果を現実に存在するものとして仕上げ、多くの人に使ってもらえるようにするのが製造だ。野球にたとえれば研究は（＊２）米大リーグ、（＊３）エンゼルスの（＊４）大谷翔平選手を初めて生み出す役割。それに対して、製造は (イ) 大谷翔平を毎日安定してつくらねばならない。

　製造には研究とは違った技術が必要で、まさに信頼を作り込んでいると言ってよい。ところが、最近の日本企業では、製造が生み出すこうした価値が経営陣によく理解されていない。そもそも、（　A　）の役員の比率が小さい企業が多い。製造の大切さを再評価してこそ、この先の日本の産業競争力再生が可能になる。

（＊１）ジオラマ…風景を模型にしたもの
（＊２）米大リーグ…アメリカのプロ野球リーグ
（＊３）エンゼルス…アメリカのプロ野球リーグのチーム
（＊４）大谷翔平…非常に優れた野球選手

（「日本経済新聞」2020 年 2 月 6 日付より一部改）

(55) 下線部(ア)「人材も確保した」とありますが、どのような人材ですか。

1　最新の人工知能などをよく知っている人
2　電車の運転がうまい人
3　ものづくりの技術を持っている人
4　家屋の内装業に詳しい人

(56) 下線部(イ)「大谷翔平を毎日安定してつくらねばならない」とありますが、どういう意味ですか。

1　レベルの高い研究者を確保し続ける。
2　製品のレベルを維持しつつ供給する。
3　世界に通用する研究成果を連続して残す。
4　安定的な経営を続ける。

(57) （　A　）に入る言葉は、どれですか。

1　外資系
2　技術系
3　営業系
4　財務系

問題　１０

次の文章を読んで問題に答えなさい。
答えは１・２・３・４の中から最も適当なものを１つ選びなさい。

　生きてゆくうえで一つたりとも欠かせぬことの大半を、わたしたちはいま社会の公共的な^(＊)サーヴィスに委託して暮らしています。たがいのいのちの世話を、病院や学校、保育園、介護施設、外食産業、クリーニング店、警察署・消防署などにそっくり任せて生活しています。これは福祉の充実、あるいは「安心・安全」と世間では言われますが、裏を返していえば、各人が自活能力を一つ一つ（　Ａ　）過程でもある。わたしたちは社会のこのサーヴィスが事故や故障で止まったり、劣化したり、停滞したりしたとき、それに文句（クレーム）をつけることしかできなくなっています。じぶんたちで解決策を提案したり、あるいは行政やサーヴィス業から仕事を取り返してじぶんたちでやりますと言うことができなくなっています。それほどわたしたちは市民として、地域社会の住民として、無能力になっているのです。このことが震災のような大災害のときにむきだしになるのです。ふだんはそうしたサーヴィス業務にあるていど任せておくとしても、いざというときのために、いつでもそれらが自前でできる準備だけはしておかなければ、非常時に復興を担えない、とても壊れやすい存在に一人ひとりがなってしまいます。

（＊）サーヴィス…サービス

（鷲田清一『おとなの背中』角川学芸出版より一部改）

---

(58) （＿A＿）に入る言葉は、どれですか。
1 得てゆく
2 失ってゆく
3 確かめてゆく
4 信じてゆく

(59) 下線部「このこと」は、何を指していますか。
1 社会のサーヴィスが劣化していること
2 サーヴィス業の人々が無能力になっていること
3 地域の人々の意見をまとめるのが難しいこと
4 わたしたちに自活能力がなくなっていること

(60) 著者の考えと合っているのは、どれですか。
1 今よりももっと安心で安全な社会を目指すべきだ。
2 公共的なサーヴィスには、ふだんから頼らないほうがいい。
3 非常時にも自分で対処できるよう日頃から準備しておくべきだ。
4 日ごろからもっと地域社会の皆で協力しあうべきだ。

3 漢字問題

A 次のひらがなの漢字をそれぞれ1・2・3・4の中から1つ選びなさい。

(61) 山本さんはたくさんようふくを持っている。
  1 洋服　　　　2 和服　　　　3 礼服　　　　4 制服

(62) 山田さんはもんの前にいる。
  1 岩　　　　　2 寺　　　　　3 柱　　　　　4 門

(63) これは私があずかりましょう。
  1 量り　　　　2 踊り　　　　3 贈り　　　　4 預かり

(64) きいろのズボンを取ってください。
  1 緑色　　　　2 灰色　　　　3 毛色　　　　4 黄色

(65) 乗車けんを拝見します。
  1 券　　　　　2 状　　　　　3 符　　　　　4 賃

(66) どろぼうに入られた。
  1 乱暴　　　　2 盗難　　　　3 犯罪　　　　4 泥棒

(67) 将来をうらなってもらう。
  1 救って　　　2 交って　　　3 占って　　　4 敬って

(68) 彼女とは、子供のころからえんがあった。
  1 夢　　　　　2 縁　　　　　3 怖　　　　　4 恩

(69) 会社が事業をてんかいする。
  1 転回　　　　2 展開　　　　3 天海　　　　4 天界

(70) やじるしの方向に進む。
  1 屋記　　　　2 標識　　　　3 看板　　　　4 矢印

(71) この会社が第一しぼうだ。
　　　1　渇望　　　　　2　志望　　　　　3　眺望　　　　4　願望

(72) この国は最近めざましい発展をとげている。
　　　1　研げて　　　　2　遂げて　　　　3　達げて　　　4　磨げて

(73) マラソン選手が体調不良を訴えて、コースの途中できけんした。
　　　1　危圏　　　　　2　危険　　　　　3　棄権　　　　4　軌権

(74) 徹夜明けは仕事ののうりつが上がらない。
　　　1　能率　　　　　2　脳率　　　　　3　能卒　　　　4　悩卒

(75) 彼は何度断られてもこりない。
　　　1　懲りない　　　2　凝りない　　　3　興りない　　4　抗りない

B　次の漢字の読み方を例のようにひらがなで書いてください。

・ひらがなは、正しく、ていねいに書いてください。

・漢字の読み方だけ書いてください。

（例）　はやく書いてください。　　　　　| （例） | か |

---

(76)　姉の部屋は汚い。

(77)　手に汗をかいた。

(78)　プレゼントに指輪をもらった。

(79)　展示品には手を触れないでください。

(80)　今日、泊まれますか。

(81)　貧乏でも心は豊かだ。

(82)　水筒を持ち歩くようにしている。

(83)　遠くで雷の音がする。

(84)　明日は祝日だ。

(85)　いいお客様だが話が脇にそれると元に戻らない。

(86)　インフルエンザに感染したら休んでください。

(87)　万全を期して試験に臨む。

(88)　この企業では毎年、若干名の募集がある。

(89)　接待で初めて料亭に行くことになった。

(90)　いい仕事を斡旋してもらったので、転職することにした。

4 記述問題

A 例のように_____に適当な言葉を入れて文を作ってください。

・文字は、<u>正しく、ていねいに</u>書いてください。
・漢字で書くときは、<u>今の日本の漢字</u>を<u>正しく、ていねいに</u>書いてください。

（例）　きのう、_____でパンを_____。
　　　　　　　　　　　（A）　　　　　　　　　　（B）

（例）	（A）	スーパー	（B）	買いました

(91)　リンさんは風邪を_____て、今日は会社を_____いるらしい。
　　　　　　　　　　　　　　　（A）　　　　　　　　　　　　　　　（B）

(92)　A：ひどい雨ですね。キャンプに_____のは難しそうですね。
　　　　　　　　　　　　　　　　　　　　（A）

　　　　B：そうですね。残念ですが_____せざるを得ないですね。
　　　　　　　　　　　　　　　　　　　（B）

(93)　シャワーを_____最中に、突然シャワーの_____が出なくなった。
　　　　　　　　　　（A）　　　　　　　　　　　　　　　　　　（B）

(94)　新幹線で座れなくてずっと_____っぱなしだったから、
　　　　　　　　　　　　　　　　　（A）

　　　　_____が疲れた。
　　　　　　（B）

(95)　ミスを隠していても_____かれ_____かれ上司に
　　　　　　　　　　　　　　（A）　　　　　　　（B）

　　　　見つかるだろう。

B　例のように３つの言葉を全部使って、会話や文章に合う文を作ってください。

・【　　】の中の文だけ書いてください。
・１．→２．→３．の順に言葉を使ってください。
・言葉の＿＿の部分は、形を変えてもいいです。
・文字は、正しく、ていねいに書いてください。
・漢字で書くときは、今の日本の漢字を正しく、ていねいに書いてください。

（例）
きのう、【　１．どこ　→　２．パン　→　３．買う　】か。

| （例） | どこでパンを買いました |

（96）

あの鈴木さんが【　１．仕事　→　２．手伝う　→　３．くれる　】はずがない。

（97）

【　１．食べる　→　２．かけ　→　３．ご飯　】を冷蔵庫に入れた。

（98）

私は【　１．丁寧　→　２．説明する　→　３．つもり　】だったが、相手は
わかっていなかった。

（99）

【　１．時間　→　２．たっぷり　→　３．ある　】ものの、お金がないので、
遊びに行けない。

（100）

A：あれ？　課長がいませんね。

B：困りましたね。【　１．課長　→　２．いる　→　３．となると　】、会議を
　始められませんね。

J.TEST

実用日本語検定

聴 解 試 験

1 写真問題 （問題1～10）

例題

例題1
例題2

例題1→	れい1	●	②	③	④	（答えは解答用紙にマークしてください）
例題2→	れい2	①	②	●	④	（答えは解答用紙にマークしてください）

A 問題1
　 問題2

B　問題3
　　問題4

C　問題5
　　問題6

D　問題7
　　問題8

E　問題9

F　問題10

2 聴読解問題 （問題11〜20）

例題

例題1
例題2

①   ② 株式会社ＧＫ出版

営業部
部長 吉田 一 郎
YOSHIDA Ichiro

③ 〒130-0021 東京都墨田区緑×-×-× ④
TEL：03-3633-xxxx E-mail：yoshida@XX.jp

| 例題1→ | れい1 | ① | ● | ③ | ④ | （答えは解答用紙にマークしてください） |
| 例題2→ | れい2 | ① | ② | ● | ④ | （答えは解答用紙にマークしてください） |

G 問題11
　　問題12

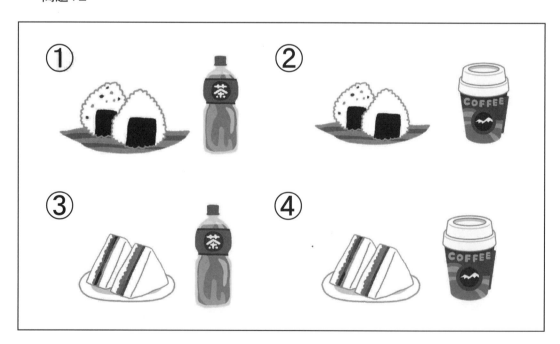

H　問題13
　　問題14

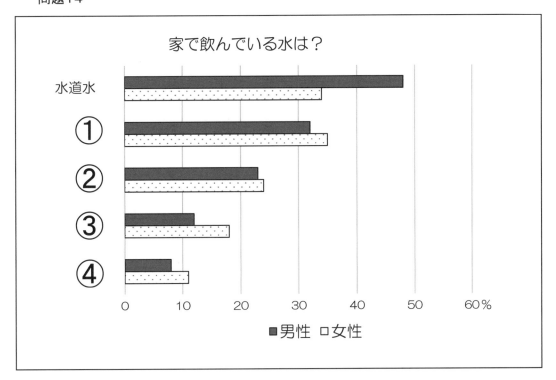

家で飲んでいる水は？

水道水
①
②
③
④

0　10　20　30　40　50　60％

■男性 □女性

I　問題15　　　　　　　　　　問題16

① 3か月
② 7か月
③ 8か月
④ 10か月

① 店舗数（てんぽ）
② 夏物商材の売上高
③ 来店客数
④ 客単価（たんか）

J　問題17
　　問題18

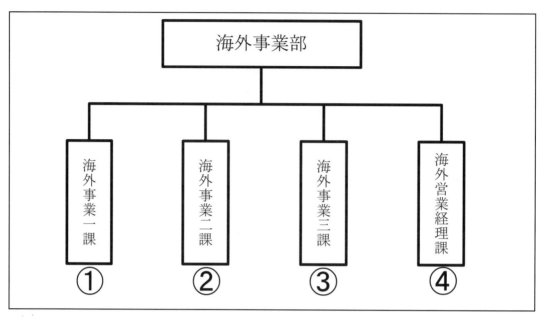

K　問題19
　　問題20

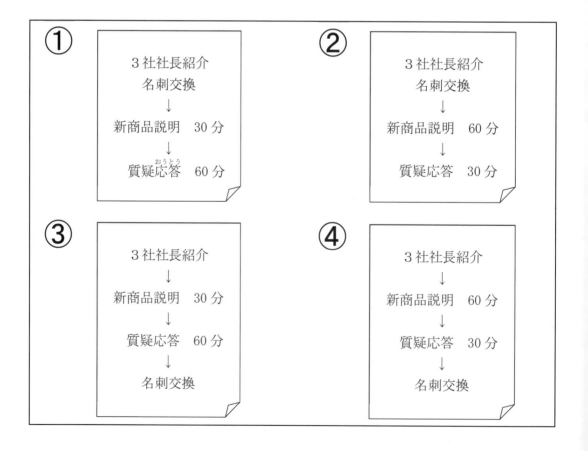

3 応答問題 （問題21〜40）

（問題だけ聞いて答えてください）

例題1 →	れい1	● ② ③	（答えは解答用紙にマークしてください）
例題2 →	れい2	① ● ③	（答えは解答用紙にマークしてください）

問題21
問題22
問題23
問題24
問題25
問題26
問題27
問題28
問題29
問題30
問題31
問題32
問題33
問題34
問題35
問題36
問題37
問題38
問題39
問題40

メモ（MEMO）

4 会話・説明問題 （問題41〜55）

<table>
<tr><td>例題</td><td>1　資料のコピー
2　資料のチェック
3　資料の作成</td></tr>
</table>

| れい | ① ● ③ | （答えは解答用紙にマークしてください） |

1

問題41　　1　チケット
　　　　　　2　パンフレット
　　　　　　3　地図

問題42　　1　スマートフォンの画面を見せる。
　　　　　　2　チケットを受け取る。
　　　　　　3　届いた資料を渡す。

2

問題43　　1　周りに聞こえないように音楽を楽しめること
　　　　　　2　周りの音が聞こえなくなること
　　　　　　3　移動中に長時間音楽を聴けること

問題44　　1　静かな場所でヘッドホンを使う。
　　　　　　2　大きな音にしすぎないように使う。
　　　　　　3　周りの騒がしさに合わせて音量を変える。

問題45　　　1　ケーキの届け先
　　　　　　　2　ケーキの注文数
　　　　　　　3　ケーキの到着日

問題46　　　1　2個買った人に1個プレゼントする。
　　　　　　　2　インターネットで販売する。
　　　　　　　3　値段を下げて販売する。

4

問題47　　　1　小学生からアイデアを集め図書館を建てる。
　　　　　　　2　小学校の施設内に図書館を建てる。
　　　　　　　3　地域住民が中心となって図書館を建てる。

問題48　　　1　安全な地域社会になる。
　　　　　　　2　若い住民が増える。
　　　　　　　3　住民の収入が安定する。

5

問題49　　　1　リサイクルショップ
　　　　　　　2　家電メーカー
　　　　　　　3　家電量販店

問題50　　　1　メーカーから格安で仕入れできること
　　　　　　　2　広告費用がかからないこと
　　　　　　　3　在庫管理コストが削減できること

6

問題51　　　1　警察への連絡
　　　　　　2　119番通報
　　　　　　3　保険会社への連絡

問題52　　　1　保険会社の指示に従う。
　　　　　　2　当事者同士の話し合いで決めればいい。
　　　　　　3　基本的に移動させないほうがいい。

7

問題53　　　1　管理職を条件に入社した。
　　　　　　2　チャレンジ精神が旺盛である。
　　　　　　3　人事部に配属されたいと思っていた。

問題54　　　1　若手が多い。
　　　　　　2　人材不足である。
　　　　　　3　発想が新しい。

問題55　　　1　経営危機に陥っている。
　　　　　　2　絶好調である。
　　　　　　3　人員削減中である。

終わり

実用日本語検定

TEST OF PRACTICAL JAPANESE

J.TEST

受験番号		氏 名	

注　意

試験が始まるまで、この問題用紙を開けないでください。

日本語検定協会／J.TEST事務局

J.TEST

実用日本語検定

読 解 試 験

1　文法・語彙問題

A　次の文の（　　　）に1・2・3・4の中から最も適当な言葉を入れなさい。

（1）　出発まで時間があるので急ぐ（　　　）はない。
　　　　1　よう　　　　　2　こと　　　　　3　もの　　　　　4　など

（2）　田中さんはさんざんミスを繰り返した（　　　）、会社に来なくなった。
　　　　1　向き　　　　　2　以来　　　　　3　反面　　　　　4　あげく

（3）　テレビドラマに出演後、彼女のファンが（　　　）つつある。
　　　　1　増え　　　　　2　増やし　　　　3　増える　　　　4　増やす

（4）　家を建てる（　　　）あたり、家具を新しく買い替えた。
　　　　1　と　　　　　　2　の　　　　　　3　に　　　　　　4　を

（5）　おいしいと聞いて、その商品を（　　　）にはいられなかった。
　　　　1　買わない　　　2　買える　　　　3　買わず　　　　4　買おう

（6）　急いでいて、あやうく大切な資料を（　　　）ところだった。
　　　　1　忘れる　　　　2　忘れた　　　　3　忘れよう　　　4　忘れそう

（7）　有名な観光地にも（　　　）じまいで国へ帰ることになった。
　　　　1　行かない　　　2　行くまい　　　3　行かず　　　　4　行こう

（8）　皆さんのご協力（　　　）成功です。ありがとうございました。
　　　　1　いかんの　　　2　あっての　　　3　まみれの　　　4　なくして

（9）　この商品は、高品質な上に（　　　）とあって、飛ぶように売れている。
　　　　1　安く　　　　　2　安さ　　　　　3　安くて　　　　4　安い

（10）　ここ1か月という（　　　）、毎日仕事をしている。
　　　　1　わけ　　　　　2　うえ　　　　　3　なり　　　　　4　もの

（11）　楽しみにしていたイベントがすべて中止になって、残念な（　　　）だ。
　　　　1　まじき　　　　2　限り　　　　　3　兆し　　　　　4　きらい

(12) 彼女はこのクラスきって（　　　）美人だ。
　　　1　と　　　　　　　2　から　　　　　　3　は　　　　　　　4　の

(13) 近くにいらっしゃった（　　　）、ぜひお越しください。
　　　1　折には　　　　　2　かたわら　　　3　こととて　　　4　手前

(14) 失敗（　　　）失敗を重ねた末、ようやく納得のいく商品が出来上がった。
　　　1　に　　　　　　　2　と　　　　　　3　も　　　　　　　4　の

(15) この小説はなかなか読み（　　　）。
　　　1　ふしがある　　　　　　　　　　　2　しのびない
　　　3　だおれに終わる　　　　　　　　　4　ごたえがある

(16) A：「（　　　）、やっておくべきことは何ですか」
　　　B：「たくさん読書をしておくといいですよ」
　　　1　若いからには　　　　　　　　　　2　若いといっても
　　　3　若いうちに　　　　　　　　　　　4　若いわりに

(17) 松下：「4月採用予定の岡田さん、とても仕事ができる人だそうですよ」
　　　橋本：「でも、どんな人かは実際に（　　　）わからないな」
　　　1　会うものだから　　　　　　　　　2　会うにせよ
　　　3　会うにつけて　　　　　　　　　　4　会わないことには

(18) A：「飛行機をキャンセルして、もっと安い電車にしようと思います」
　　　B：「（　　　）お金がかかりますから、あまり意味がないと思いますよ」
　　　1　キャンセルするにしては　　　　　2　キャンセルするにしても
　　　3　キャンセルした末に　　　　　　　4　キャンセルしたものの

(19) A：「隣の部屋、また飲み会してるの？」
　　　B：「毎晩（　　　）よ。ちょっと文句言ってくる」
　　　1　うるさいといったらない　　　　　2　うるさいといったところだ
　　　3　うるさくないものでもない　　　　4　うるさくてやまない

(20) A：「この銅像、本物そっくりだね」
　　　B：「本当だね。今にも（　　　）ね」
　　　1　動き出しながらも　　　　　　　　2　動き出さんばかりだ
　　　3　動き出せとばかりに　　　　　　　4　動き出すならまだしも

B　次の文の（　　　）に１・２・３・４の中から最も適当な言葉を入れなさい。

(21)　食べすぎてお腹が（　　　）。
　　　　1　懐かしい　　　　2　険しい　　　　3　苦しい　　　　4　貧しい

(22)　この文を英語に（　　　）もらいたい。
　　　　1　めくって　　　　2　命じて　　　　3　呼びかけて　　　4　訳して

(23)　彼の話し方に（　　　）印象を持った。
　　　　1　好　　　　　　　2　嫌　　　　　　3　良　　　　　　4　苦

(24)　ギターを習い始めたがなかなか（　　　）しない。
　　　　1　上品　　　　　　2　上達　　　　　3　上級　　　　　4　上等

(25)　社長の優しい言葉に、（　　　）がいっぱいになった。
　　　　1　心　　　　　　　2　気　　　　　　3　胸　　　　　　4　頭

(26)　ペンを10本ずつ（　　　）から片づけてください。
　　　　1　すぼめて　　　　2　たばねて　　　　3　ひきずって　　　4　かわして

(27)　最初は嫌なことがあるかもしれないが、（　　　）我慢することだ。
　　　　1　さっと　　　　　2　しんと　　　　　3　ぞっと　　　　4　ぐっと

(28)　新入社員代表として（　　　）を語った。
　　　　1　案の上　　　　　2　意気込み　　　　3　慎み　　　　　4　善し悪し

(29)　問題を（　　　）解決するために、あらゆる手を尽くす。
　　　　1　円満に　　　　　2　温和に　　　　　3　明白に　　　　4　寛容に

(30)　（　　　）の低いタスクなので、後回しにした。
　　　　1　インバウンド　　2　バッファ　　　　3　デフォルト　　4　プライオリティ

C　次の文の＿＿＿＿の意味に最も近いものを１・２・３・４の中から選びなさい。

(31)　派手な服は好きじゃありません。
　　　　1　目立つ　　　　　2　高級な　　　　　3　シンプルな　　　4　安すぎる

(32)　やすお君は本当に賢い子だ。
　　　　1　人なつこい　　　2　利口な　　　　　3　生意気な　　　　4　わがままな

(33)　あの人は問題発言が多いが、実力は認めざるを得ない。
　　　　1　場合によっては認める　　　　　　2　認められている
　　　　3　認めたくないが認める　　　　　　4　認めたほうがいい

(34)　いきなり後ろから押された。
　　　　1　突然　　　　　　2　一斉に　　　　　3　思い切り　　　　4　徐々に

(35)　あの八百屋はとれたての野菜を売っている。
　　　　1　質の悪い　　　　　　　　　　　　　2　栄養のある
　　　　3　収穫したばかりの　　　　　　　　　4　おいしいと評判の

(36)　加藤さんはちょっとルーズなところがあります。
　　　　1　短気な　　　　　2　だらしない　　　3　ひきょうな　　　4　なれなれしい

(37)　私が語学力で彼にかなうべくもない。
　　　　1　負けるわけがない　　　　　　　　　2　勝てるはずがない
　　　　3　負けるわけにはいかない　　　　　　4　勝てるかどうかわからない

(38)　散歩がてら、ジュースを買いに行った。
　　　　1　のかわりに　　　2　のついでに　　　3　にかこつけて　　4　のふりをして

(39)　部長はいつも本田さんの肩を持つ。
　　　　1　本田さんと親しげに話す　　　　　　2　本田さんを心配している
　　　　3　本田さんに頼っている　　　　　　　4　本田さんの味方をする

(40)　新政府は安定化政策に舵を切った。
　　　　1　に方針を変えた　　　　　　　　　　2　を徹底した
　　　　3　に反対した　　　　　　　　　　　　4　を排除した

── このページには問題はありません。──

2 読解問題

問題　1

次のメールを読んで問題に答えなさい。
答えは１・２・３・４の中から最も適当なものを１つ選びなさい。

2020/12/4　11:22

件名：忘年会のお知らせ

社員の皆さん

お疲れさまです。総務部の山田です。
今年も残り少なくなってまいりました。下記の通り、忘年会を行います。
年末のお忙しい時期でしょうが、ぜひご参加ください。
参加されるかどうかは、12月15日までに山田にご返信ください。

1．日時：12月27日（金）午後7時～9時
2．場所：グランドレストラン赤坂店
3．会費：5,000円（前日までに山田にお支払いください）

＊当日、遅れる場合は山田の携帯（090-1234-XXXX）までお願いします。
＊山田の名前で予約してあります。

---

(41) 忘年会に参加したい人は、どうしますか。
　　1　12月15日までにレストランに電話する。
　　2　12月15日までに山田さんにメールする。
　　3　12月27日にレストランで自分の名前を伝える。
　　4　12月27日に山田さんに電話する。

(42) 忘年会の日、開始時間に遅れて参加する場合、どうしますか。
　　1　レストランに電話する。
　　2　山田さんにメールする。
　　3　山田さんの携帯に電話する。
　　4　特に何もしなくてよい。

問題　2

次のメールを読んで問題に答えなさい。
答えは１・２・３・４の中から最も適当なものを１つ選びなさい。

2020/10/27　14:35

件名：新規お取引の件

関東株式会社
営業部　大橋健一様

貴社ますますご隆盛のこととお喜び申し上げます。
株式会社北村商事営業部の芳賀洋輔と申します。

この度は、新規取引のお申し込みをいただき、誠にありがとうございます。
ご期待に添えますよう、よりよい商品を提供するべく努めてまいります。

尚、お取引条件の詳細につきましては近日中にご挨拶にお伺いしますので、
その際にまたご相談させていただきたく存じます。

メールにて恐縮でございますが、お申し入れの件、まずは承諾の由、ご連絡申し上げます。
今後とも末永くよろしくお願い申し上げます。

---

(43)　芳賀さんは、どうしてこのメールを送りましたか。
　　　1　大橋さんに新商品のパンフレットを送りたいから
　　　2　新規取引の申し込みを承諾したことを連絡したいから
　　　3　大橋さんが挨拶に来てくれたお礼を伝えたいから
　　　4　関東株式会社の人とよい商品を開発したいから

(44)　芳賀さんについて、メールの内容と合っているのはどれですか。
　　　1　近々、大橋さんの会社へ行くつもりだ。
　　　2　以前、大橋さんと仕事をしたことがある。
　　　3　取引の条件が決まったことを大橋さんに連絡した。
　　　4　大橋さんに新規取引をしたいと連絡した。

問題　3

次の文書を読んで問題に答えなさい。
答えは１・２・３・４の中から最も適当なものを１つ選びなさい。

令和２年11月９日

山野商事株式会社
営業課　小林様

株式会社ＷＢ
人事総務課　佐藤

納期遅れに関するお詫びとお願い

急啓

　平素は、格別のご愛顧を賜り、厚く御礼申し上げます。

　さて、誠に申し訳ございませんが、先日ご注文をいただいておりましたコピー機でございますが、配送指定日の 11 月 19 日より到着が３日遅れる見込みとなりました。

　私どもの発送手配のミスが原因であり、深くお詫び申し上げます。

　なお、到着予定日が連休中であるため、お受け取りができない場合は、別日をご連絡いただければと存じます。

　貴社に多大なご迷惑をお掛けすることとなり、誠に申し訳ございません。

　取り急ぎ書面にて納期遅れに関するお詫びとお願いを申し上げます。

草々

---

(45)　どうして納期が遅れますか。
　　1　在庫がないため
　　2　株式会社ＷＢが発送の手配を間違えたため
　　3　配送指定日が連休中のため
　　4　運送中にトラブルがあったため

(46)　山野商事の小林さんは何をしなければなりませんか。
　　1　コピー機の注文内容を確認して株式会社ＷＢに連絡する。
　　2　11月19日に株式会社ＷＢから送られてくるコピー機を受け取る。
　　3　連休中に出社してコピー機を株式会社ＷＢに発送する。
　　4　11月22日にコピー機を受け取れない場合は、受取可能日を株式会社ＷＢに知らせる。

問題　4

次の文書を読んで問題に答えなさい。

答えは１・２・３・４の中から最も適当なものを１つ選びなさい。

令和２年１月15日

山本次郎　様

人事部長　水野紘一

　貴殿は、令和元年８月 25 日以降、病気療養のため休職となっておりますところ、就業規則第20条１項の規定により、来る２月 25 日をもって休職期間満了となります。

　したがいまして、同期間満了までに職務に復帰できない場合、就業規則第 20 条２項の規定により、期間満了と同時に自然退職となります。

　つきましては、今後の見通し等につき、医療機関等と綿密な話し合いを持たれたうえご判断いただき、人事部へご連絡くださるようお願いいたします。必要であれば当社産業医との面談も設定いたします。

　一日も早いご全快をお祈り申し上げております。

以上

---

(47)　山本さんが復職するためには何が必要ですか。
1　休職期間が満了すること
2　２月25日までに休職の必要がなくなること
3　会社の設定した医師との面談で健康状態が保証されること
4　いったん退職すること

(48)　文書の内容と合っているのはどれですか。
1　１か月後の解雇を予告している。
2　早期に治療を開始することを要請している。
3　休職期間の延長を許可している。
4　休職期間が終わることを告げている。

問題 5

次の文章を読んで問題に答えなさい。
答えは1・2・3・4の中から最も適当なものを1つ選びなさい。

　たくさんの打ち合わせをやってきて、ひとつ間違いなく言えることがあります。

　それは、一度打ち合わせをすれば、相手の仕事のレベルはすぐにわかってしまう、ということです。仕事の能力が、打ち合わせですぐに出てしまう。<u>これ</u>は僕に限らず、多くの人が同じような印象を持っているのではないでしょうか。

　逆にいえば、相手からそんなふうに感じ取られてしまう場でもある、ということをしっかり認識しておかなければいけません。打ち合わせひとつで、相手に思いも寄らないような印象、ともすれば持って欲しくない印象を与えてしまうことすらあるのです。

（佐藤可士和『佐藤可士和の打ち合わせ』ダイヤモンド社より一部改）

---

(49)　下線部「<u>これ</u>」とはどんなことですか。
　　1　打ち合わせで、相手にいい印象を与えること
　　2　打ち合わせで、相手に嫌われてしまうこと
　　3　打ち合わせで、相手に観察されること
　　4　打ち合わせで、相手の仕事の力がわかること

問題　6

次の文章を読んで問題に答えなさい。
答えは１・２・３・４の中から最も適当なものを１つ選びなさい。

敬語の働き

　私たちが敬語を多用するのは見知らぬ人たちに対してである。したがって敬語はビジネスの世界で最もよく使われている。敬語の基本的な働きは相手との距離をとることにある。敬語を使うということは相手（聞き手）に対して話し手が私はあなたの思想、生き方、生活様式等について、関心を持ちません、関与しませんという<u>宣言をする</u>ことなのである。だから私たちは敬語を使うことによって、どうコミュニケーションしたらよいのか分からない見知らぬ人、遠い人との円滑なコミュニケーションが可能になる。いってみれば敬語は大衆社会の^{（＊）}潤滑油なのである。

（＊）潤滑油…物事がうまくいくようにするもの

（工藤浩ほか『日本語要説』ひつじ書房より一部改）

---

(50)　下線部「<u>宣言をする</u>」について、筆者は、敬語を使うことで相手に何を伝えられると言っていますか。
1　いいビジネスの関係を築きたいということ
2　尊敬しているということ
3　円滑なコミュニケーションをしたいということ
4　個人の価値観に立ち入るつもりがないということ

問題　7

次の文章を読んで問題に答えなさい。

答えは１・２・３・４の中から最も適当なものを１つ選びなさい。

過去のエピソードが課題解決能力を高める

　あらゆる判断・決断の背後に記憶があると言ったが、過去のエピソードをどれだけうまく整理し利用しやすくしているかが課題解決能力を左右する。

　記憶が予測を可能にするのである。

　自伝的記憶というのは、いわば法律の判例集のようなものだ。このようなケースで以前こうしたらこんな良い結果になった。こうしたら失敗した。このような方法で打開することができた。こうしたら泥沼になった。そういった過去のエピソードを参照しやすいように自伝的記憶を整理することが大事なのである。

　　　　（榎本博明『記憶の整理術　忘れたい過去を明日に活かす』PHP研究所より一部改）

---

(51)　筆者によると、下線部「課題解決能力」が高い人とは、どんな人ですか。
　1　記憶力がいい人
　2　自分の過去の記憶を整理して、利用できる人
　3　法律の判例集を理解して、利用している人
　4　いろいろな物を整理整頓できる人

問題　8

次のページの案内を読んで問題に答えなさい。

答えは１・２・３・４の中から最も適当なものを１つ選びなさい。

---

(52)　「春のカラオケ大会」は、いつですか。

　　　1　１月５日

　　　2　１月30日

　　　3　３月１日

　　　4　４月１日

(53)　予選会に参加する場合、まず何をしますか。

　　　1　市役所企画課に電話をして、申し込み用紙をFAXしてもらう。

　　　2　市役所受付に申し込み用紙を取りに行く。

　　　3　市民会館受付または、市役所受付に電話をする。

　　　4　市役所企画課で500円を払って、申し込み用紙をもらう。

カラオケ大会『予選会』参加者募集

あなたの好きな歌を歌ってみませんか

「春のカラオケ大会」に先立って、『予選会』を行います。みなさんの
ご参加をお待ちしています。一人でもグループでも OK です。今年から、
子ども部門もできました。楽しくみんなで歌いましょう。

日　時　　：3月1日　午後1時～4時

会　場　　：駅前市民会館

応募資格　：山本市市民

　　　　　　（大人の部…16歳以上　／　子どもの部…6歳～15歳）

参 加 費　：大人…500円　／　子ども…無料

申込方法　：市役所企画課へ申し込み用紙を FAX または持参。

　　　　　　申し込み用紙は市役所受付にあります。

　　　　　　FAX 番号…023-456-XX11

募集期間　：1月5日～1月30日

　　　　　　先着30名（組）　定員になり次第締め切り

＊申し込み用紙には、住所・氏名・電話番号・曲名を書いてください。

　グループの場合は、代表者1名のみで結構です。

＊参加費は、当日お支払いください。

＊予選通過者は、4月1日の「春のカラオケ大会」にご参加いただけます。

　4月1日は、参加費不要です。

＊お問い合わせ先　市役所企画課　☎ 023-456-XX10

問題　9

次の文章を読んで問題に答えなさい。
答えは１・２・３・４の中から最も適当なものを１つ選びなさい。

広がる「定額制」　公共交通も

　消費者が商品やサービスを利用する際、数量や回数ではなく期間に応じて料金を支払う「サブスクリプション」（定額制）の実証実験が公共交通で相次ぎ始まる。東急グループは鉄道、バスの一カ月乗り放題に映画館利用などを付けたパスを三月から利用できるようにする。ANA グループも提携企業の会員向けに一カ月三万円で指定路線を二往復まで可能にする。

　定額制は動画、音楽から、ここ数年でファッションや飲食店などへ急速に拡大。所有から利用へという消費者の感覚の変化や、多く利用しても支払いを比較的安く済ませたいという節約志向の高まりが背景にある。

　東急の実験の対象期間は五月末まで。鉄道、バスの一カ月単位の乗車券を基本とし、映画見放題だけでなく駅構内のそば店のそばを一日一杯食べられる権利、電動自転車のレンタルも加えることができる。全てを利用する場合の価格は一カ月三万六千五百円。

　ANA の定額制の対象は、全国の宿泊施設に月額制で自由に住めるサービスを提供するベンチャー企業「アドレス」（東京）の会員に限る。期間は一月三十一日からの約二カ月間で、先着五十人。

　搭乗可能な便は徳島などの地方と羽田を結ぶ九路線で、昼間の三十便に絞る。

（「東京新聞」2020 年 1 月 22 日付共同通信配信より一部改）

（54）　定額制が様々な商品やサービスに広がっているのはなぜですか。

　　　1　所得が減って、高価な商品を購入することが難しい人が増えたため
　　　2　たくさん利用したいが、節約もしたいという人が増えたため
　　　3　商品の購入やサービスの利用に積極的でない人が増えたため
　　　4　同じサービスだけを何度も繰り返し利用するという人が増えたため

（55）　ANAの定額制の内容について、文章の内容と合っているのはどれですか。

　　　1　空港のそば屋で毎日1杯食べる権利がある。
　　　2　全国のANAグループの宿泊施設を自由に利用できる。
　　　3　一カ月の利用料は3万円である。
　　　4　一カ月に2回まで夜間の飛行機で往復できる。

問題　１０

次の文章を読んで問題に答えなさい。
答えは１・２・３・４の中から最も適当なものを１つ選びなさい。

新しい経験は科学の源泉

　望遠鏡も顕微鏡も時計ももたない太古の人類は、自らの身体と五感による経験、体験を通したことだけが知識の源泉である。経験、体験によって得られた知の多くは、技術を通して生活の知恵として蓄積されていったことであろう。サイエンスという言葉があらわす「知ること」は、そのような生活に役立つ経験、体験ではない。むしろ役に立たない、あるいは役に立つかどうか分からない、知ること自体が目的となる知の営みである。

　太古の昔、なぜ太陽は毎日昇っては沈んでいくのか、なぜ海の水は辛いのか、なぜ食べられるキノコと食べられないキノコがあるのか、などの疑問をもった人間は例外的な存在であろう。多くの人間は、それらを当たり前のこととして受け入れていたに違いない。

　そのような人間でも、今まで見たこともない動物や風景に出くわしたときや、激しい雷鳴に打たれたとき、新しい経験に出会うときなど、怖れや感動とともに、世界とは何であるか、という素朴な疑問が湧いたであろう。そのとき、疑問にそれなりの解答を与える人間が集団の中にいれば、人々は安心したであろう。そのような人は知ることへの欲求が人一倍強く、「科学者」としての営みを行っていたに違いない。

　彼らの与える解答は、今からすると(＊1)根も葉もない(＊2)荒唐無稽のものである。しかし当時はそれなりに説得力があったはずである。神話は、おそらくこのような知ることへの欲求を満たすために生まれたものであろう。

（＊1）根も葉もない…根拠のない
（＊2）荒唐無稽の…でたらめな

（木村英紀『ものつくり敗戦』日本経済新聞出版社より一部改）

(56) 下線部「そのような人間」とは、どのような人間ですか。
1 太古（たいこ）の人間全て
2 自然現象を怖れたり感動したりする人
3 身の回りの自然現象に疑問をもたない人
4 「科学者」のような営（いとな）みを行っていた人

(57) 筆者は、太古（たいこ）の人間とサイエンスとの関わりについて、どのように述べていますか。
1 太古の人間は皆、生活に役立たない知識には興味がなかった。
2 太古の人間の中にも、身近な現象に関する疑問に答えを見出す「科学者」のような存在がいた。
3 「科学者」のような営（いとな）みを行っていた人の解答は、皆に信じられてはいなかった。
4 神話は科学的根拠（こんきょ）のないストーリーだったため、当時の人々には軽んじられていた。

問題　11

次の文章を読んで問題に答えなさい。
答えは１・２・３・４の中から最も適当なものを１つ選びなさい。

「あれ？なんか変だな」

　コミュニケーションのトラブルを「コンフリクト」という。コンフリクトは、自分と相手との間になんらかの相違点や問題点が認識されることである。「あれ？なんか変だな」と思ったら、それはもうコンフリクトの入り口にいるのである。そうなったら、なにが原因かを見極めなくてはならない。

　コンフリクトの原因にはいくつかあるが、一番多いのが「事実の誤認」だろう。（…中略…）これは、確認すればなにが事実かがはっきりするので解決はたやすく、誤認した側が誤りに気づき、すぐに謝罪すればだいたい片が付くものである。

　（　Ａ　）、問題の根がもっと深いと、解決するのはとても難しい。

　問題に対する視点や評価基準の「違い」からくるコンフリクトであるにもかかわらず、周囲の意見を受け入れない人を「協調性がない」などと非難してしまう。

　また、よく衝突する相手について、漠然と「あの人とはそりが合わない」「性格の不一致」「相性が悪い」と簡単に言ってしまいがちだが、実際には、信念や価値観、物事に対する基本的な考え方の違いによるコンフリクトの場合が多い。

　信念や価値観など、個人のアイデンティティーの核心を形作るものは、そう簡単には変えられない。もしその違いをどうしても受け入れられない場合には、その人との人間関係を解消するか、関わりを持たないようにするしかないだろう。

（中西雅之『なぜあの人とは話が通じないのか？非・論理コミュニケーション』
光文社より一部改）

---

(58) 筆者によると、「コンフリクト」とは何ですか。

1 相手の意見を誤解(ごかい)すること

2 相手とのやりとりの中で問題が現れること

3 相手のコミュニケーション方法を問題視すること

4 相手の価値観を認めないこと

(59) （　A　）に入る言葉は何ですか。

1 すなわち

2 それゆえ

3 その上

4 しかし

(60) 衝突(しょうとつ)を重ねる相手との相違点をどうやっても受け入れられないとき、筆者はどうするのがよいと言っていますか。

1 相手と距離を置く。

2 原因をよく見極める。

3 事実をもう一度確かめる。

4 誤りを認めて、謝罪(しゃざい)する。

3 漢字問題

A 次のひらがなの漢字をそれぞれ１・２・３・４の中から１つ選びなさい。

(61) 資料を部長にわたす。
1 果たす　　　2 渡す　　　　3 探す　　　　4 足す

(62) このあたりは交通のべんがいい。
1 辺　　　　2 勉　　　　3 弁　　　　4 便

(63) そのがっきの音を聞いていると心が落ち着く。
1 雑記　　　2 楽器　　　3 学期　　　4 換気

(64) 部長は責任をおわないつもりだ。
1 負わない　2 許わない　3 結わない　4 問わない

(65) ここをそうじしてください。
1 掃除　　　2 議論　　　3 訓練　　　4 省略

(66) ほねが弱っているようだ。
1 象　　　　2 虫　　　　3 骨　　　　4 兵

(67) 彼一人をせめても、問題は解決しない。
1 貯めて　　2 沈めて　　3 辞めて　　4 責めて

(68) これはあさでできている。
1 麻　　　　2 絹　　　　3 綿　　　　4 豆

(69) 後輩に間違いをしてきされた。
1 指敵　　　2 指滴　　　3 指摘　　　4 指適

(70) 今後のごかつやくを期待しています。
1 活緯　　　2 活偉　　　3 活濯　　　4 活躍

(71) あそこに<u>しか</u>がいるよ。
　　　1　鹿　　　　　　2　鷹　　　　　　3　鶴　　　　　　4　鳩

(72) 彼と出身校が同じと聞いて<u>おどろいた</u>。
　　　1　導いた　　　　2　弾いた　　　　3　裂いた　　　　4　驚いた

(73) その老人の財布には小さな<u>すず</u>がついていた。
　　　1　影　　　　　　2　鈴　　　　　　3　菊　　　　　　4　蛍

(74) これから<u>わずらわしい</u>計算をしなければならない。
　　　1　忌わしい　　　2　煩わしい　　　3　麗しい　　　4　甚しい

(75) 彼は<u>わいろ</u>を受け取らなかった。
　　　1　悪銭　　　　　2　思慮　　　　　3　贈賄　　　　　4　賄賂

B　次の漢字の読み方を例のようにひらがなで書いてください。

・ひらがなは、<u>正しく</u>、<u>ていねいに</u>書いてください。
・<u>漢字の読み方だけ</u>書いてください。

（例）　はやく<u>書</u>いてください。　┌┐ | **（例）** | **か** |

(76)　兄は<u>都会</u>で暮らしている。

(77)　花が<u>枯</u>れてしまった。

(78)　まだ<u>塗</u>らないでください。

(79)　段ボールは<u>畳</u>んで倉庫に入れておいてください。

(80)　彼の<u>額</u>に汗が光っていた。

(81)　これは<u>小麦</u>から作られている。

(82)　あちらには<u>改</u>めて挨拶に行くつもりだ。

(83)　小さな<u>歯車</u>をなくした。

(84)　ランプが<u>点滅</u>している。

(85)　<u>自</u>ら考え、行動することが大切だ。

(86)　歌に合わせてギターで<u>伴奏</u>した。

(87)　新入社員だからといって<u>侮</u>ってはいけない。

(88)　彼は仕事の<u>合間</u>に株の取引をしている。

(89)　先生の<u>随筆</u>をお読みになりましたか。

(90)　取引先の社長の<u>通夜</u>に参列した。

4 記述問題

A 例のように_____に適当な言葉を入れて文を作ってください。

・文字は、<u>正しく、ていねいに</u>書いてください。
・漢字で書くときは、<u>今の日本の漢字</u>を<u>正しく、ていねいに</u>書いてください。

（例）　きのう、_____でパンを_____。
　　　　　　　　　　　　　（A）　　　　　　　　　　（B）

（例）	（A）	スーパー	（B）	買いました

---

(91)　うちの猫は、どんなに天気が_____も外に出るのを_____がり、
　　　　　　　　　　　　　　　　　　　（A）　　　　　　　　　　　　　（B）

ずっと家にいる。

(92)　A：いつまでにお返事すればいいでしょうか。

　　　B：早_____ば早い_____助かります。
　　　　　　　　（A）　　　　　　　　（B）

(93)　体の_____が悪かったら、無理_____ずに病院へ行ってください。
　　　　　　　　　（A）　　　　　　　　　　　　　（B）

(94)　A：事故に遭ったと聞きましたが、大丈夫でしたか。

　　　B：ええ。乗っていた_____は壊れてしまいましたが、
　　　　　　　　　　　　　　　（A）

　　　大きなけがを_____だけましでした。
　　　　　　　　　　　　（B）

(95)　（会社で）

　　　A：日曜日も_____ことなく働いているのに、給料はこれだけか。
　　　　　　　　　　　　（A）

　　　B：仕事の不満を言ったら、きりが_____よ。
　　　　　　　　　　　　　　　　　　　　　（B）

B　例のように３つの言葉を全部使って、会話や文章に合う文を作ってください。

・【　　】の中の文だけ書いてください。
・１.→２.→３.の順に言葉を使ってください。
・言葉の＿＿の部分は、形を変えてもいいです。
・文字は、正しく、ていねいに書いてください。
・漢字で書くときは、今の日本の漢字を正しく、ていねいに書いてください。

（例）
きのう、【　１.　どこ　→　２.　パン　→　３.　買う　】か。

（例）	どこでパンを買いました

(96)

【　１.　家　→　２.　財布（さいふ）　→　３.　忘れる（わすれる）　】しまった。

(97)

道が混んでいるので、【　１.　面接（めんせつ）　→　２.　時間　→　３.　間に合う　】おそれがある。

(98)

斉藤（さいとう）：田中（たなか）さん、仕事のことで何か悩（なや）んでいるみたい。
井上（いのうえ）：でも、何も【　１.　言う　→　２.　から　→　３.　助ける（たすける）　】ようがないよ。

(99)

その政治家は一度も【　１.　約束　→　２.　守る　→　３.　試し（ためし）　】がない。

(100)　（レストランで）

Ａ：ピザ２枚（まい）とパスタ３皿（さら）でいいよね？

Ｂ：多すぎるでしょう。
　　そんなに【　１.　頼む（たのむ）　→　２.　食べる　→　３.　っこない　】よ。

J.TEST

実用日本語検定

聴 解 試 験

1 写真問題 （問題1～10）

例題

例題1
例題2

| 例題1→ | れい1 | ● | ② | ③ | ④ | （答えは解答用紙にマークしてください） |
| 例題2→ | れい2 | ① | ② | ● | ④ | （答えは解答用紙にマークしてください） |

A　問題1
　　問題2

B　問題3
　　問題4

C　問題5
　　問題6

D 問題7
　問題8

E 問題9

F　問題10

2 聴読解問題 （問題11〜20）

例題

例題1
例題2

①		② 株式会社ＧＫ出版
	営業部	
	部長 吉田 一郎	
	YOSHIDA Ichiro	
③ 〒130-0021 東京都墨田区緑×-×-×		④
TEL:03-3633-xxxx E-mail:yoshida@XX.jp		

例題1→	れい1	① ● ③ ④	（答えは解答用紙にマークしてください）
例題2→	れい2	① ② ● ④	（答えは解答用紙にマークしてください）

G 問題11
　 問題12

H 　　問題13　　　　　　　　　　　問題14

① 1か月間

② 2か月間

③ 半年間

④ 1年間

① 名刺交換

② 敬語

③ 誘いの断り方

④ 上司との会話

I 　問題15
　　問題16

【企画概要】

① 実施期間： 11月1日〜11月30日

② 実施時間： 午前11時半〜午後8時

③ 実施場所： 小鳥が丘駅　東口広場

④ 主な内容： 商品の試食、チラシ・PRグッズ配布

J　問題17
　　問題18

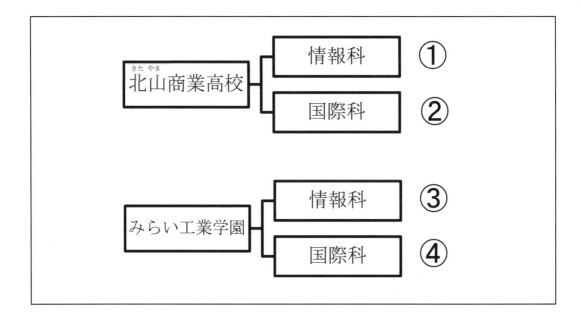

K　問題19
　　問題20

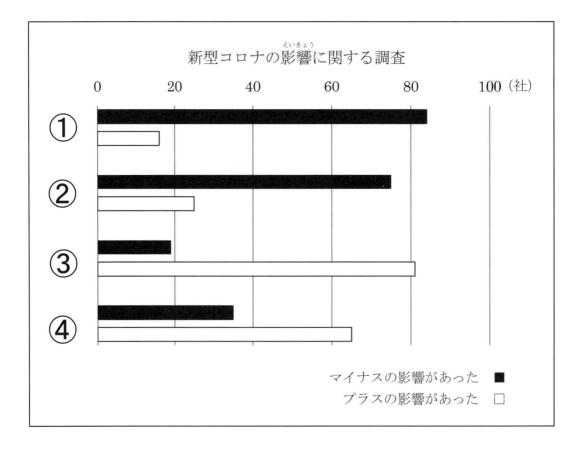

3 応答問題 (問題21〜40)

(問題だけ聞いて答えてください)

例題1 →	れい1	● ② ③	（答えは解答用紙にマークしてください）
例題2 →	れい2	① ● ③	（答えは解答用紙にマークしてください）

問題21

問題22

問題23

問題24

問題25

問題26

問題27

問題28

問題29

問題30

問題31

問題32

問題33

問題34

問題35

問題36

問題37

問題38

問題39

問題40

メモ (MEMO)

4 会話・説明問題 （問題41～55）

例題	1　資料のコピー
	2　資料のチェック
	3　資料の作成

| れい | ① ● ③ | （答えは解答用紙にマークしてください） |

1

問題41　　1　体力に自信がある若い人
　　　　　　2　ボランティアに興味がある人
　　　　　　3　何か得意なことがあるお年寄り

問題42　　1　書類を送る。
　　　　　　2　電話で連絡する。
　　　　　　3　人材センターへ行く。

2

問題43　　1　知り合いにお祝いをわたすから
　　　　　　2　税金を払うから
　　　　　　3　車を買うから

問題44　　1　結婚式の案内をさがす。
　　　　　　2　銀行へ行ってお金を下ろす。
　　　　　　3　クレジットカードで支払いをする。

3

問題45　　1　女性
　　　　　2　女性の家族
　　　　　3　女性の友達

問題46　　1　千葉県出身である。
　　　　　2　エアコンを使わずに生活している。
　　　　　3　非常食を買いに行くつもりだ。

4

問題47　　1　地元の住民の通勤通学のため
　　　　　2　観光業者からの要請のため
　　　　　3　海産物の輸送のため

問題48　　1　営業開始から10年で半分になった。
　　　　　2　営業開始から３年で100人を割った。
　　　　　3　営業開始から２年間は利用客がいなかった。

5

問題49　　1　電池が届くのを待つ。
　　　　　2　電池を電子辞書に入れる。
　　　　　3　電池を購入する。

問題50　　1　電池を自分で用意すること
　　　　　2　電子辞書のサイズ
　　　　　3　電子辞書への電池の入れ方

6

問題51　　　1　新製品の販売促進(そくしん)
　　　　　　　2　新製品のパンフレット作成
　　　　　　　3　新製品の顧客(こきゃく)への説明

問題52　　　1　パンフレットの作り直しを依頼する。
　　　　　　　2　代理店の担当者を連れて顧客のところへ行く。
　　　　　　　3　パンフレットが出来上がってから代理店へ行く。

7

問題53　　　1　違法な商売を行う会社
　　　　　　　2　社員を大切に扱わない会社
　　　　　　　3　新しく立ち上げたITの会社

問題54　　　1　過剰(かじょう)なノルマを課して働かせる。
　　　　　　　2　新入社員に仕事を与えすぎる。
　　　　　　　3　規定以上の賃金を払い、休みなく働かせる。

問題55　　　1　能力に応じた賃金が支払われていた。
　　　　　　　2　長時間労働による自殺者が多かった。
　　　　　　　3　社員の雇用(こよう)が保障されていた。

終わり

第1回 J.TEST実用日本語検定（A-Cレベル）
正解とスクリプト

■ 読解・記述問題　500点

《 文法語彙問題 》各5点（200点）								《 読解問題 》各6点（120点）				《 漢字問題A 》各4点（60点）			
1)	1	11)	1	21)	1	31)	4	41)	1	51)	3	61)	1	71)	4
2)	2	12)	4	22)	2	32)	3	42)	4	52)	1	62)	2	72)	2
3)	2	13)	3	23)	1	33)	2	43)	4	53)	4	63)	1	73)	2
4)	4	14)	4	24)	3	34)	3	44)	3	54)	4	64)	2	74)	4
5)	2	15)	1	25)	2	35)	1	45)	4	55)	2	65)	3	75)	4
6)	2	16)	3	26)	4	36)	1	46)	3	56)	3	66)	2		
7)	4	17)	4	27)	3	37)	2	47)	1	57)	3	67)	2		
8)	2	18)	2	28)	3	38)	3	48)	3	58)	4	68)	3		
9)	2	19)	1	29)	1	39)	1	49)	4	59)	3	69)	1		
10)	3	20)	2	30)	1	40)	4	50)	2	60)	2	70)	3		

《 漢字問題B 》各4点（60点）　　＊漢字問題A＋B＝計120点

76) お　　　　　　　　80) ふたん　　　　　　84) おもむ　　　　　　88) くらが
77) えら　　　　　　　81) はた　　　　　　　85) はか　　　　　　　89) じょうき
78) ま　　　　　　　　82) ひか　　　　　　　86) げんかく　　　　　90) ぶしつけ
79) そっちょく　　　　83) とどこお　　　　　87) しょうしゅう

解答例　《 記述問題A 》各6点（30点）　＊（A）と（B）が両方正解で6点。部分点はありません。
91)（A）汚　　　　　　　　　　　　　　　（B）読み
92)（A）メールアドレス　　　　　　　　　（B）電話番号
93)（A）女性　　　　　　　　　　　　　　（B）運べない
94)（A）する　　　　　　　　　　　　　　（B）しない
95)（A）お酒　　　　　　　　　　　　　　（B）飲んで

解答例　《 記述問題B 》各6点（30点）　＊部分点はありません。　＊記述問題A＋B＝計60点

96) ファックスの使い方を教えて
97) のわりに量が多くて
98) 暇さえあれば
99) 並んでまでして食べたい
100) 雨にぬれるのもかまわず

■ 聴解問題　500点

《写真問題》各5点（50点）		《聴読解問題》各10点（100点）		《 応答問題 》各10点（200点）				《 会話・説明問題 》各10点（150点）			
1)	3	11)	3	21)	1	31)	1	41)	2	51)	1
2)	2	12)	2	22)	2	32)	2	42)	3	52)	2
3)	4	13)	3	23)	1	33)	3	43)	3	53)	3
4)	1	14)	4	24)	2	34)	1	44)	1	54)	1
5)	4	15)	1	25)	2	35)	1	45)	3	55)	2
6)	3	16)	3	26)	3	36)	1	46)	2		
7)	2	17)	2	27)	1	37)	3	47)	1		
8)	4	18)	4	28)	2	38)	1	48)	1		
9)	1	19)	1	29)	1	39)	2	49)	2		
10)	2	20)	4	30)	3	40)	1	50)	2		

第1回 A-Cレベル　聴解スクリプト

　写真問題

例題の写真を見てください。
例題1　これは何ですか。
1　コップです。
2　いすです。
3　ノートです。
4　カメラです。

例題2　これで何をしますか。
1　すわります。
2　字を書きます。
3　水を飲みます。
4　写真をとります。
最も良いものは、例題1は1、例題2は3です。で
すから、例題1は1、例題2は3を例のようにマー
クします。

Aの写真を見てください。
問題1　何がありますか。
1　紐と布です。
2　紐と糸です。
3　針と糸です。
4　針と布です。

問題2　これで何をしますか。
1　ミシンがけです。
2　裁縫です。
3　編み物です。
4　アイロンがけです。

Bの写真を見てください。
問題3　男性の仕事は何ですか。
1　弁護士です。
2　保育士です。
3　消防士です。
4　整備士です。

問題4　正しい説明はどれですか。
1　車の下に潜っています。
2　車の下でしゃがんでいます。
3　車の下に隠れています。
4　車につぶされています。

Cの写真を見てください。
問題5　ここはどこですか。
1　病室です。
2　手術室です。
3　待合室です。
4　診察室です。

問題6　正しい説明はどれですか。
1　医師が血圧を測っています。
2　医師がレントゲンを撮っています。
3　患者は子供です。
4　看護師が甘えています。

Dの写真を見てください。
問題7　何が発生しましたか。
1　雪崩です。
2　土砂崩れです。
3　津波です。
4　洪水です。

問題8　正しい説明はどれですか。
1　道が狭まっています。
2　道を切り開いています。
3　道を見失いました。
4　道が寸断されています。

Eの写真を見てください。
問題9　プレゼンテーションの最後に何と言います
　　　　か。
1　ご清聴ありがとうございました。
2　ご忠告ありがとうございました。
3　ご配慮ありがとうございました。
4　ご購読ありがとうございました。

Fの写真を見てください。
問題10　重大なミスを謝ります。こんな時、何と言
　　　　いますか。
1　土下座の仕方もわかりません。
2　弁解のしようもありません。
3　お詫びの言葉を求めております。
4　謝罪を申し上げられません。

例題を見てください。男性と女性が、会社のロゴの位置について話しています。
例題１　男性はどの位置がいいと言っていますか。
例題２　女性はどの位置がいいと言っていますか。
ーーーーーーーーーーーーーーーーーーーーー
男：名刺のデザインを変えるんだけど、会社のロゴの位置はどこがいいと思う？
女：住所の前がいいんじゃない？
男：うーん、でも、それじゃあ目立たないよ。会社名の前に大きく入れたら、どう？
女：えー、ロゴは控えめに、住所の前にあるほうがいいわよ。
ーーーーーーーーーーーーーーーーーーーーー
例題１　男性はどの位置がいいと言っていますか。
例題２　女性はどの位置がいいと言っていますか。
最も良いものは、例題１は２、例題２は３です。ですから、例題１は２、例題２は３を例のようにマークします。

Gを見てください。
テレビでレポーターと女性が話しています。

問題１１　洋服を売っているのはどこですか。
問題１２　レストランはどこですか。
ーーーーーーーーーーーーーーーーーーーーー
男：今日は、東京の渋谷にオープンしたこちらのビルをご紹介します。高さ230メートル、地下７階、地上47階建てで、ここ渋谷周辺で最も高いビルです。
女：オフィスビルですか。
男：17階から45階までがオフィスです。その上は外国人観光客に人気のスクランブル交差点や、東京の街を見渡すことができる展望施設です。
女：それはいいですね。
男：そして、地下２階から14階までは商業施設で、全部でなんと212もの店が入っているんですよ。
女：すごいですね。
男：地下２階から１階が食料品、２階から９階がファッション関連、10階、11階、14階が雑貨店です。
女：12階と13階はレストランですか。
男：ええ。和、洋、中、17の店舗が入っています。
女：買い物も食事もできて一日中楽しめそうですね。
男：そうですね。
ーーーーーーーーーーーーーーーーーーーーー
問題１１　洋服を売っているのはどこですか。
問題１２　レストランはどこですか。

Hを見てください。
男性と女性が話しています。

問題１３　女性が最初にいいと思ったのはどの部屋で
　　　　　すか。
問題１４　女性が最後に選んだのはどの部屋ですか。
――――――――――――――――――――――――
男：コウさん、引っ越しするの？
女：うん、今の部屋は狭いから。特にこの部屋がい
　　いかなって思ってる。
男：角部屋って、そんなによくないらしいよ。カー
　　テンも窓も開けられない場合が多いって。
女：えっ？　どうして？
男：外から見えるから。それにその部屋は、北側と
　　西側に窓があるでしょ？　冬は日が当たりにく
　　くて夏に暑いだけだと思うよ。
女：そうなんだ。
男：あとね、コウさん、エアコン嫌いでしょう？
女：うん。苦手。
男：だったら、木造もやめたほうがいいよ。夏はエ
　　アコンつけてもなかなか涼しくならないから。
　　コンクリートの壁なら夏は涼しくて、冬は暖か
　　いんだよ。
女：私、木の家が好きなんだけどなあ。それにコン
　　クリートの建物はここにはないね。
男：その、RCって書いてあるのがそうだよ。建物が
　　木造じゃなくても、部屋の中の床やドアは木だ
　　からコウさんの好みにも合うと思うよ。
女：ふーん。じゃあ、こっちの安いほうの部屋を見
　　てみようかな。
――――――――――――――――――――――――
問題１３　女性が最初にいいと思ったのはどの部屋で
　　　　　すか。
問題１４　女性が最後に選んだのはどの部屋ですか。

Ｉを見てください。
女性が話しています。

問題１５　ホテルや飲食店はどれですか。
問題１６　女性が働いていたのはどれですか。
――――――――――――――――――――――――
女：厚生労働省の調査によると、平成29年の日本の
　　離職率は8.5パーセントで、前年の8.8パーセン
　　トよりわずかに下がりました。業種別にみると、
　　離職率が最も高いのは「宿泊業・飲食サービス
　　業」で17.6パーセント、次いで「生活関連サー
　　ビス業・娯楽業」で11.4パーセント、３位が
　　「教育、学習支援業」の11パーセント、４位が
　　「その他サービス業」の9.5パーセントでした。
　　離職率が最も低いのは「電気・ガス・水道業」
　　の4.1パーセントで全国平均の半分以下でした。
　　私は以前、英会話スクールで働いていました。
　　３年ほど働いていたその間、人の入れ替わりが
　　激しかったです。私もあまりの激務に体を壊し
　　て退職を余儀なくされました。
――――――――――――――――――――――――
問題１５　ホテルや飲食店はどれですか。
問題１６　女性が働いていたのはどれですか。

Jを見てください。
男性と女性が話しています。

問題１７　女性はどのボタンをもらいましたか。
問題１８　女性の友達はどのボタンをもらいましたか。
ーーーーーーーーーーーーーーーーーーーーーー
男：卒業式の思い出って何かありますか。
女：そうねえ、一番は高校２年生の時、大好きだっ
　　た先輩から制服の第二ボタンをもらえたことか
　　な。
男：え、制服のボタンを？
女：そう。日本では、女子生徒は卒業式に好きな男
　　子生徒から制服の第二ボタンをもらいたいのよ。
男：へー、第二ボタンって、上から二つ目のボタン
　　のことですよね？　一番好きっていう意味なら、
　　第一ボタンのほうがいい気がするけど…。
女：心臓に一番近いところにあるから、ハートをつ
　　かむって意味があるとか聞いたことがあるわ。
男：おもしろい習慣ですね。それでその先輩とはど
　　うなったんですか。
女：卒業して、それっきり会ってないよ。でも私の
　　友達は卒業式にクラスメートに告白して、ボタ
　　ンをもらって、なんと、その彼が今の旦那さん。
男：へー。第二ボタンをもらったんですか。
女：ううん。その彼は大人気で、友達がもらいに
　　行ったときには、おへそに近いボタンしか残っ
　　ていなかったんだって。ふふふ。
ーーーーーーーーーーーーーーーーーーーーーー
問題１７　女性はどのボタンをもらいましたか。
問題１８　女性の友達はどのボタンをもらいましたか。

Kを見てください。
男性が話しています。

問題１９　アンケートの目的は何ですか。
問題２０　地元の情報を就職サイトで見た学生は、
　　　　　何パーセントですか。
ーーーーーーーーーーーーーーーーーーーー
男：地元企業の人材不足を解消するため、県の中小
　　企業課は東京近郊の大学に通う県出身者にアン
　　ケートを行いました。この結果から企業のなす
　　べき課題が見えてきます。まずＵターンを希望
　　する学生は約30パーセント。その理由は、親と
　　の関係の約40パーセントをはじめ様々ですが、
　　ほとんどが外部からの働きかけが難しいもので
　　す。しかし、企業の努力で学生により アピール
　　できる部分もあります。例えば、地元の情報を
　　得た方法として最も多いのは全国的な就職サイ
　　トのエリア別情報ということですが、それにし
　　ても50パーセント程度です。あとは、数パーセ
　　ントから20パーセントあたりまで、様々な方法
　　が乱立しています。県内の情報ならこれ、とい
　　うものを企業が主体となって作り上げることは
　　可能だと思います。
ーーーーーーーーーーーーーーーーーーーー
問題１９　アンケートの目的は何ですか。
問題２０　地元の情報を就職サイトで見た学生は、
　　　　　何パーセントですか。

例題1　おはようございます。
1　おはようございます。
2　おやすみなさい。
3　さようなら。

例題2　お仕事は?
　　　　ー会社員です。
1　私も会社員じゃありません。
2　私も会社員です。
3　私も医者です。
最も良いものは、例題1は1、例題2は2です。ですから、例題1は1、例題2は2を例のようにマークします。

問題21　普通郵便で出しますか。
1　速達でお願いします。
2　選挙に行きます。
3　カードで払います。

問題22　ご家族が無事でよかったですね。
1　ええ、わくわくします。
2　ええ、ほっとしました。
3　ええ、がっかりしました。

問題23　この服どうかな?
1　ちょっと派手だね。
2　おぼれてるの?
3　偏ってるよ。

問題24　さあ、頑張って働くぞ!
1　ずいぶん気を張っていますね。
2　ずいぶん張り切っていますね。
3　ずいぶんもうかっていますね。

問題25　今回は見送らせていただきます。
1　いいえ、お見送りいただかなくても結構です。
2　また機会があればよろしくお願いします。
3　こちらから送らせていただきます。

問題26　小島課長はいらっしゃいますか。
　　　　ーただいま外出中でございます。
1　いつ頃出社されますか。
2　いつ頃いらっしゃいますか。
3　いつ頃お戻りですか。

問題27　山本さんのあの態度、どうかと思うよ。
1　感じ悪いよね。
2　上品だよね。
3　気が回るよね。

問題28　あなたほど優しい人に会ったことない!
1　お辞儀はいいですよ。
2　お世辞はいいですよ。
3　お参りはいいですよ。

問題29　生きがいは何ですか。
1　仕事です。
2　やりがいがあります。
3　生きるのが辛いんです。

問題30　パソコンの調子がおかしいんだ。
1　立ち上げてますよ。
2　フリーズさせよう。
3　再起動してみたら?

問題31　妥協してくれればいいのに。
1　うん、頑固だよね。
2　うん、不細工だよね。
3　うん、たくましいよね。

問題32　新人の坂田君はどうですか。
　　　　ー申し分がないですよ。
1　言ったほうがいいですよ。
2　それは頼もしいですね。
3　気兼ねしているんですか。

問題33　もう夫には愛想が尽きたわ。
1　本当に愛想のない人だね。
2　ご主人に聞いてみたら?
3　早く別れた方がいいよ。

問題34　売上高、予想より控え目な数字でしたね。
1　予想額が大きすぎたんですよ。
2　客単価が上がりましたからね。
3　大躍進でしたね。

問題35　部長、不祥事の責任をとって降格になるらしいですよ。
　　　　ー部下が起こしたことなのにね。
1　お気の毒ですね。
2　お見事ですね。
3　悲観的ですね。

問題３６　課長、ちょっと太ったよね？
1　確かに丸みを帯びましたね。
2　確かにげっそりしましたね。
3　確かにはつらつとしていますね。

問題３７　人間は損得勘定だけでは動かないよ。
1　数学的にはそうなりますね。
2　ビジネスに感情は不要ですからね。
3　合理的に割り切れないこともありますよね。

問題３８　今日の忘年会ですが、ちょっと立て込んで
いて…。
1　わかった。幹事に伝えとく。
2　実は私も出席するんだ。
3　じゃ、一人でおいでよ。

問題３９　新商品が売れに売れて全国的に品薄状態で
す。
1　大変な勘違いですね。
2　嬉しい悲鳴ですね。
3　大きな誤算ですね。

問題４０　木村さん、野心が顔に出ていますよね。
1　虎視眈々と部長の座を狙っていますからね。
2　部長と意気投合したんでしょう。
3　いつも上の空で物思いにふけっていますよね。

会話・説明問題

「＊」の部分は録音されていません。

例題

ーーーーーーーーーーーーーーーーーーーー

男：佐藤さん、明日の会議の資料はできましたか。
女：はい、できました。こちらです。
男：じゃ、10部コピーしておいてください。
女：あのう、コピーする前に内容をチェックしてい
　　ただけないでしょうか。
男：ええ、いいですよ。
女：お願いします。

ーーーーーーーーーーーーーーーーーーーー

女性は男性に何をお願いしましたか。
＊1　資料のコピー
＊2　資料のチェック
＊3　資料の作成
最も良いものは2です。ですから、例のように2を
マークします。

1 電話で女性と男性が話しています。この会話を
聞いてください。

─────────────────────────

女：あ、横田です。電話もらったみたいだけど…。

男：お疲れさまです。電話したの私です。ミナミ印
刷の久保さんからお電話があって、台風の影響
で商品を明日届けられないそうです。

女：何が届く予定だっけ？　私のメール、ちょっと
見てくれる？

男：はい。…えっと、新商品のチラシ３千枚ですね。
あさって行く会社に持って行くと言ってません
でした？

女：そうそう。でも、10枚でいいから、その分は明
日印刷するよ。

男：わかりました。

─────────────────────────

問題４１　女性は明日、何をしますか。

＊１　久保さんに電話する。

＊２　チラシを10枚印刷する。

＊３　チラシを３千枚受け取る。

問題４２　女性について会話の内容と合っているのは
　　　　　どれですか。

＊１　台風で会社に戻れなくなった。

＊２　久保さんからメールが届いた。

＊３　何が届くか覚えていなかった。

2 男性と女性の会話を聞いてください。

─────────────────────────

男：うちの猫、日が出てくると必ず日光を浴びに外
に出るんだけど、日光って人間の体にも必要な
のかな。

女：うん。朝の15分から20分程度の日光浴を週に３
回程度するといいそうよ。

男：なるほど。朝の通勤は家出てすぐに電車に乗っ
ちゃうからな。会社も駅から近いし…。電車の
窓ガラス越しじゃ効果ないのかな。

女：うん。直接日光を浴びたほうがいいんだって。

男：へえ。体にいいって言うけど、何に効果がある
の？

女：ビタミンＤが作られるそうよ。

男：ふーん。ビタミンＤが不足するとどうなるの？

女：骨の量が減ってしまうんだって。

男：骨か。それは大事だね。朝、日光浴ついでに運
動でもするかな。

女：それはいいわね。頑張って。

─────────────────────────

問題４３　日光浴について会話の内容と合っているの
　　　　　はどれですか。

＊１　窓越しでも効果がある。

＊２　人間は動物より短い時間で効果が出る。

＊３　週３回程度、朝15分から20分するといい。

問題４４　会話の内容と合っているのはどれですか。

＊１　ビタミンＤが不足すると骨が弱くなる。

＊２　ビタミンＤは食事で補えばいい。

＊３　骨を丈夫にするためには運動が必要だ。

3　女性の話を聞いてください。

ーーーーーーーーーーーーーーーーーーー

女：世界の子供たちの栄養状態に関する調査によ
　　ると、太りすぎの子供が急増していることがわ
　　かりました。理由としては、カロリーが高く栄養
　　が低いインスタント食品やファストフードが世
　　界で広がっていることが挙げられます。2000年
　　の調査では、10人に1人でしたが、2016年には
　　5人に1人となっています。最も多いのがアメ
　　リカで約42パーセント、次がニュージーランド
　　で約40パーセントです。最も低かったのが日本
　　で、14.4パーセントでした。学校で栄養のバラ
　　ンスがいい給食を安く食べられることが、日本
　　に太りすぎの子供が少ない理由だと言われてい
　　ます。

ーーーーーーーーーーーーーーーーーーー

問題45　日本の子供に太りすぎが少ないのは何が
　　　　　理由だと言っていますか。
＊1　インスタント食品
＊2　ファストフード
＊3　学校給食

問題46　話の内容と合っているのはどれですか。
＊1　世界では太りすぎの子供の数が減っている。
＊2　世界では子供の約2割が太りすぎである。
＊3　アメリカでは半数以上の子供が太りすぎであ
　　　る。

4　男性と女性の会話を聞いてください。

ーーーーーーーーーーーーーーーーーーー

男：企業が専門スキルを持つ個人に業務を委託する
　　ことが今、注目を集めていますよ。
女：そうなんですか。
男：ええ。専門的なスキルを持っていながら介護や
　　子育てなど家庭の事情で働くことを諦めてし
　　まっていた人も働きやすいでしょう。
女：いいですね。私も子育てでブランクができてし
　　まって、社会に出るのが不安になってしまった
　　んですよね。キャリアも生かせず今は専業主婦
　　です。
男：そうでしたか。
女：業務委託となると、時間的に自由がききそうで
　　すね。
男：ええ。時短勤務も可能ですし、週に数日など都
　　合に合わせて働けます。
女：働き方に対する視野が広がりました。また働き
　　たくなりましたよ。

ーーーーーーーーーーーーーーーーーーー

問題47　専門的スキルを持った人が働くことを諦
　　　　　めてしまうのはなぜだと言っていますか。
＊1　介護や子育てのため
＊2　働くことに疲れてしまったため
＊3　生活リズムを乱したくないため

問題48　業務委託での働き方について会話の内容と
　　　　　合っているのはどれですか。
＊1　時間の融通がきく。
＊2　給料が高い。
＊3　スキルが身に付く。

問題49　女性について会話の内容と合っているの
　　　　　はどれですか。
＊1　週に数日働いている。
＊2　子育てのため会社を辞めた。
＊3　短時間勤務をしている。

5 男性の話を聞いてください。

―――――――――――――――――――――

男：高齢者は現金へのこだわりが強く、電子マ
　　ネーを使いたがらないというイメージがあり
　　ますが、実は、電子マネーは高齢者の間で広
　　がっています。70歳以上の電子マネー平均利
　　用額はこの５年間で87パーセント増え、伸び
　　率は全世代の平均58パーセントを上回ります。
　　現金を数えなくてすむというメリットが高齢
　　者に支持されているようです。また、高齢の
　　両親に電子マネーを渡す人が増えていること
　　も一役買っています。使える金額の上限が設
　　定でき、紛失時には利用を止められるので、
　　現金を持ち歩くより安全性が高いと受けとめ
　　られているようです。スーパーなどにとって
　　も、キャッシュレス化はレジの混雑解消や現
　　金の運搬コスト低下などにつながります。す
　　でに企業は高齢者限定のカードに割引特典を
　　つけるなどして、高齢者の囲い込みに動き出
　　しています。

―――――――――――――――――――――

問題５０　70歳以上の電子マネー利用額は、５年間で
　　　　　何パーセント増えましたか。
＊１　58パーセント
＊２　87パーセント
＊３　25パーセント

問題５１　高齢者にとって電子マネーのメリットは何
　　　　　だと言っていますか。
＊１　現金を数える必要がないこと
＊２　高額な買い物ができること
＊３　紛失する恐れがないこと

問題５２　高齢者の電子マネー利用が増えている一因
　　　　　は何だと言っていますか。
＊１　割引特典があること
＊２　子が親に渡していること
＊３　レジの混雑が解消できること

6　男性と女性の会話を聞いてください。
ーーーーーーーーーーーーーーーーーーーー
男：コンビニの24時間営業見直しの動きが加速しているそうですね。

女：ええ、いくつかのコンビニチェーンは時短営業の実験を始めています。

男：24時間営業については、以前から一部のコンビニ加盟店オーナーが見直しを要求してきましたが、利便性と社会性を象徴する機能だとして、受け入れられてきませんでしたね。ここにきて一気に進み始めたのはなぜでしょう。

女：人手不足や人件費の高騰などの負担を強いられている加盟店オーナーの苦境が、いよいよ無視できないところまで来たということでしょう。

男：コンビニの人手不足は深刻ですからね。

女：ええ。本部にとっての顧客は加盟店であり、コンビニ各社が収益を上げるためには加盟店の営業が軌道に乗っていなければならないんです。

男：どういうことですか。

女：コンビニがスーパーや百貨店などと異なるのは、ごく一部の直営店を除き、店舗を直接運営していない点にあります。

男：つまり、コンビニ各社が発表している営業収益は、各店舗が販売した売り上げの合計ではなく、コンビニ各社が加盟店から受け取ったロイヤリティーが中心ということですね。

女：その通りです。

男：なるほど。コンビニ業界もいよいよ変革の時を迎えているんですね。
ーーーーーーーーーーーーーーーーーーーー

問題５３　今までコンビニの24時間営業見直しが進まなかったのはなぜだと言っていますか。
＊１　加盟店オーナーが消極的だったから
＊２　スーパーや百貨店との競争があるから
＊３　24時間営業こそがコンビニの象徴だから

問題５４　最近、コンビニの24時間営業見直しが進んでいるのはなぜだと言っていますか。
＊１　加盟店の現状を見過ごせなくなってきたため
＊２　各店舗の売上を伸ばすため
＊３　深夜の来店者数が減少しているため

問題５５　コンビニチェーン本部にとっての「顧客」とは誰を指すと言っていますか。
＊１　消費者
＊２　加盟店
＊３　仕入先

これで聴解試験を終わります。

第2回 J.TEST実用日本語検定（A-Cレベル）
正解とスクリプト

■ 読解・記述問題　500点

《 文法語彙問題 》 各5点（200点）				《 読解問題 》 各6点（120点）		《 漢字問題A 》 各4点（60点）	
1) 4	11) 2	21) 1	31) 1	41) 1	51) 3	61) 3	71) 1
2) 4	12) 4	22) 1	32) 2	42) 2	52) 4	62) 2	72) 3
3) 1	13) 1	23) 2	33) 1	43) 2	53) 4	63) 4	73) 4
4) 2	14) 4	24) 4	34) 3	44) 2	54) 2	64) 2	74) 4
5) 1	15) 2	25) 3	35) 4	45) 1	55) 3	65) 1	75) 2
6) 2	16) 1	26) 2	36) 2	46) 4	56) 2	66) 4	
7) 4	17) 2	27) 3	37) 3	47) 4	57) 4	67) 3	
8) 4	18) 3	28) 2	38) 3	48) 3	58) 3	68) 1	
9) 2	19) 3	29) 4	39) 4	49) 3	59) 2	69) 3	
10) 3	20) 2	30) 2	40) 2	50) 4	60) 3	70) 1	

《 漢字問題B 》各4点（60点）　*漢字問題A＋B＝計120点

76) たいよう　　80) はあく　　84) かくほ　　88) きょてん
77) ふせ　　　　81) もと　　　85) じんそく　89) とんざ
78) ねむ　　　　82) てきおう　86) くだ　　　90) いっしゅう
79) ぬ　　　　　83) そ　　　　87) はいしん

解答例　《 記述問題A 》各6点（30点）　*（A）と（B）が両方正解で6点。部分点はありません。

91)（A）召し　　　　（B）し
92)（A）優しい　　　（B）自分
93)（A）冷めない　　（B）食べ
94)（A）朝ご飯　　　（B）お腹が
95)（A）来た　　　　（B）迷う

解答例　《 記述問題B 》各6点（30点）　*部分点はありません。　*記述問題A＋B＝計60点

96) 仕事はそんなに大変じゃありません
97) のせいで試合に負けて
98) 部長の指示にしたがって
99) 言うなんて信じ
100) 口を出さずにはいられない

■ 聴解問題　500点

《写真問題》 各5点（50点）	《聴読解問題》 各10点（100点）	《 応答問題 》 各10点（200点）		《 会話・説明問題 》 各10点（150点）	
1) 4	11) 4	21) 2	31) 3	41) 3	51) 1
2) 1	12) 3	22) 1	32) 1	42) 3	52) 1
3) 1	13) 4	23) 3	33) 2	43) 3	53) 2
4) 4	14) 3	24) 2	34) 1	44) 2	54) 3
5) 3	15) 4	25) 1	35) 3	45) 1	55) 2
6) 2	16) 1	26) 1	36) 1	46) 1	
7) 1	17) 2	27) 3	37) 2	47) 1	
8) 2	18) 1	28) 1	38) 3	48) 3	
9) 3	19) 4	29) 2	39) 1	49) 3	
10) 4	20) 1	30) 2	40) 3	50) 2	

第2回 A-Cレベル 聴解スクリプト

写真問題

例題の写真を見てください。
例題1　これは何ですか。
1　コップです。
2　いすです。
3　ノートです。
4　カメラです。

例題2　これで何をしますか。
1　すわります。
2　字を書きます。
3　水を飲みます。
4　写真をとります。
最も良いものは、例題1は1、例題2は3です。ですから、例題1は1、例題2は3を例のようにマークします。

Aの写真を見てください。
問題1　これは何ですか。
1　マウスです。
2　デスクトップです。
3　ディスプレイです。
4　キーボードです。

問題2　これで何をしますか。
1　文字を入力します。
2　インクを交換します。
3　録音します。
4　計算します。

Bの写真を見てください。
問題3　何をしていますか。
1　しわを伸ばしています。
2　汚れを落としています。
3　トラブルを避けています。
4　睡眠をとっています。

問題4　正しい説明はどれですか。
1　かかとを揉んでいます。
2　裸足でしゃがんでいます。
3　背中を反らしています。
4　膝をついています。

Cの写真を見てください。
問題5　どんな様子ですか。
1　吐き気がするようです。
2　げっぷが出るようです。
3　寒気がするようです。
4　めまいがするようです。

問題6　正しい説明はどれですか。
1　女性は飛び跳ねています。
2　女性は着席しています。
3　部屋がごちゃごちゃしています。
4　テーブルがゆがんでいます。

Dの写真を見てください。
問題7　正しい説明はどれですか。
1　建物が密集しています。
2　協調性がありません。
3　人混みに紛れています。
4　田園が広がっています。

問題8　どこから撮影しましたか。
1　病棟からです。
2　上空からです。
3　土俵からです。
4　書斎からです。

Eの写真を見てください。
問題9　取引先でお茶を出されました。こんな時、何と
　　　　言いますか。
1　歓迎いたします。
2　結構なお手前で。
3　恐れ入ります。
4　誠に遺憾です。

Fの写真を見てください。
問題10　電話で相手の声がよく聞こえません。こん
　　　　　な時、何と言いますか。
1　少々お口が小さいようですが。
2　少々電波が届いていないようですが。
3　少々音量が足りないようですが。
4　少々お電話が遠いようですが。

例題を見てください。男性と女性が、会社のロゴの位置について話しています。
例題1　男性はどの位置がいいと言っていますか。
例題2　女性はどの位置がいいと言っていますか。
——————————————————————
男：名刺のデザインを変えるんだけど、会社のロゴの位置はどこがいいと思う？
女：住所の前がいいんじゃない？
男：うーん、でも、それじゃあ目立たないよ。会社名の前に大きく入れたら、どう？
女：えー、ロゴは控えめに、住所の前にあるほうがいいわよ。
——————————————————————
例題1　男性はどの位置がいいと言っていますか。
例題2　女性はどの位置がいいと言っていますか。
最も良いものは、例題1は2、例題2は3です。ですから、例題1は2、例題2は3を例のようにマークします。

Gを見てください。
男性と女性が電話で話しています。

問題11　USBメモリはどこにありましたか。
問題12　女性はペンケースをどこに置いておきますか。
——————————————————————
男：あー、堀田さん、清水です。会社にUSBメモリを忘れちゃって。私の机の上にないかな。
女：え？　机の上にはパソコンしかないですよ。
男：じゃ、机の上の書類ケースの一番上か2番目かな。
女：一番上は書類だけで、2番目はメガネと電卓しか入っていませんね。
男：それじゃ、机の下の引き出しの一番上、見てみてくれる？
女：緑色のペンケースが入ってますけど。
男：あっ、その中だ！　急いで戻るからペンケース、パソコンの隣に置いといて。
女：わかりました。
——————————————————————
問題11　USBメモリはどこにありましたか。
問題12　女性はペンケースをどこに置いておきますか。

Ｈを見てください。
女性と男性が電話で話しています。電話のあとで女性は伝言メモを書きます。

問題１３　最初に男性が女性にお願いしたのはどれですか。
問題１４　最終的に男性が女性にお願いしたのはどれですか。

————————————————————

女：ABC商事でございます。
男：いろは電工の吉田と申しますが、いつもお世話になっております。小林さん、いらっしゃいますか。
女：こちらこそお世話になっております。申し訳ございませんが、小林はただ今外出しております。
男：そうですか。じゃ、ご伝言をお願いしてもよろしいでしょうか。
女：かしこまりました。承ります。
男：あ…、やっぱり直接お話ししたいので、お戻りになったらお電話をいただけるよう、お伝えいただけますか。
女：かしこまりました。念のためお電話番号を伺ってもよろしいでしょうか。
男：03-587-123です。
女：03-587-123ですね。承知いたしました。小林が戻り次第、吉田様にお電話差し上げるよう申し伝えます。
男：よろしくお願いします。

————————————————————

問題１３　最初に男性が女性にお願いしたのはどれですか。
問題１４　最終的に男性が女性にお願いしたのはどれですか。

Ｉを見てください。
女性と男性が話しています。

問題１５　女性はグラフのどこに当てはまりますか。
問題１６　男性はグラフのどこに当てはまりますか。

————————————————————

女：こないだの商品開発会議で、読書専用の椅子はどうかって提案があったでしょ？　それで、読書習慣について社内でアンケートをとってみたんだけど、ちょっと見てよ。
男：へえ、みんなけっこう読んでるんだね。
女：えっ、これで？　全く読まない人が過半数を占めているのよ。あり得ないわ。
男：君はよく本を読んでいるもんね。ひょっとして、ここ？
女：ええ。普通だと思ってたけどこんなに少数派だったとは…。たったの３パーセントだなんて…。
男：多数派の僕からしたら、この１冊読む人ですら立派な読書家だよ。

————————————————————

問題１５　女性はグラフのどこに当てはまりますか。
問題１６　男性はグラフのどこに当てはまりますか。

Jを見てください。
女性が話しています。

問題１７　長生きを願う食べ物はどれですか。
問題１８　仲のいい夫婦を表す食べ物はどれですか。
ーーーーーーーーーーーーーーーーーーーーー
女：３月３日はひな祭り、女の子の健康と幸せを願
　　う日です。ひな祭りといえばどんなご馳走を思
　　い浮かべますか。多くの人はちらし寿司やハマ
　　グリのお吸い物を食べるでしょう。ちらし寿司
　　とは酢飯の上にエビやレンコン、豆などを合わ
　　せて作るお寿司の一種です。エビのように腰が
　　曲がるまで長生きできるように、穴の開いたレ
　　ンコンのように将来を見通せるように、健康で
　　マメに働き仕事がうまくいくように、などの願
　　いが込められているんですよ。そしてハマグリ
　　は一対２枚の貝殻を持つ二枚貝です。対の貝は
　　ぴったり合いますが、それ以外の２枚で合うこ
　　とは絶対にありません。つまり、仲のいい夫婦
　　を表す象徴です。ハマグリのお吸い物には一人
　　の相手と幸せに過ごせるようにとの願いが込め
　　られているんですね。
ーーーーーーーーーーーーーーーーーーーーー
問題１７　長生きを願う食べ物はどれですか。
問題１８　仲のいい夫婦を表す食べ物はどれですか。

Kを見てください。
男性が外国籍スタッフの雇用について話しています。

問題１９　雇用に関する課題で「手続きが大変だっ
　　　　　た」という回答は何パーセントですか。
問題２０　外国籍スタッフに最も期待していること
　　　　　は何ですか。
ーーーーーーーーーーーーーーーーーーーーー
男：日本全国の飲食店に外国籍スタッフの雇用状況
　　に関するアンケート調査を行いました。その結果、
　　パート、アルバイトを含め60パーセント以上で外
　　国籍スタッフを雇用していることがわかりました。
　　「外国籍スタッフを雇用した際に感じた課題」と
　　しては、「言語などの問題でコミュニケーション
　　が取りづらかった」が最も多く50パーセント、続
　　いて「管理や教育がうまくいかなかった」と「雇
　　用する際のビザなどの手続きが思った以上に大変
　　だった」が同率で24.1パーセントでした。また、
　　外国籍の社員に期待することは「不足する労働力
　　の補填」が73.4パーセントで、日本の労働力不足
　　を反映する結果となっており、続いて「インバウ
　　ンドのお客様への接客対応」が50パーセント、
　　「外国籍アルバイトの管理・指導」が23.4パーセ
　　ント、「インバウンドのお客様向けの商品開発・
　　集客検討」が22.8パーセントと、外国籍ならでは
　　の期待も大きいことが伺えました。
ーーーーーーーーーーーーーーーーーーーーー
問題１９　雇用に関する課題で「手続きが大変だっ
　　　　　た」という回答は何パーセントですか。
問題２０　外国籍スタッフに最も期待していること
　　　　　は何ですか。

応答問題

例題1　おはようございます。
1　おはようございます。
2　おやすみなさい。
3　さようなら。

例題2　お仕事は？
　　　　－会社員です。
1　私も会社員じゃありません。
2　私も会社員です。
3　私も医者です。
最も良いものは、例題1は1、例題2は2です。ですから、例題1は1、例題2は2を例のようにマークします。

問題21　お先に失礼します。
1　後でいいですか。
2　お疲れ様でした。
3　失礼しました。

問題22　ねえ、スープが冷めてるよ。
1　じゃ、温め直すよ。
2　味、濃かった？
3　もっと焦がすね。

問題23　このお店、いつも行列ができてるね。
1　もうすぐつぶれちゃうかもね。
2　やる気がないのかな。
3　もうかってるみたいだね。

問題24　日本の伝統文化について知りたいんですが。
1　見方を変えた方がいいですよ。
2　この本が詳しいですよ。
3　悔しかったらもっと頑張ってください。

問題25　雨に降られちゃった。
1　びしょびしょじゃん。
2　またいい人が見つかるよ。
3　甘くておいしいよね。

問題26　ホテルは押さえた？
1　それが、どこも予約がいっぱいで…。
2　はい、キャンセルしておきました。
3　いえ、押しましたが無理でした。

問題27　鈴木さんも体調不良で欠席だそうです。
1　まさか不良になるとはね。
2　やっと全員揃いましたね。
3　風邪が流行ってるんですかね。

問題28　資料は郵送いたします。
　　　　－データでいただきたいのですが。
1　では、メールで送付いたします。
2　では、速達でお送りします。
3　では、同封いたします。

問題29　坂本は本日、午後からの出社となります。
1　今は席を外してらっしゃるんですね。
2　何時にいらっしゃいますか。
3　いつ頃お戻りになりますか。

問題30　今月は赤字です。
1　コスト削減が成功しましたね。
2　値上げで客足が遠のきましたからね。
3　黒字化達成ですね。

問題31　昇進の話、考えてくれましたか。
1　何もアイディアが浮かびませんでした。
2　あいにく、持ち合わせがありません。
3　せっかくですが、辞退させてください。

問題32　あれ？　財布が見当たらない。
1　電車の中ですられたんじゃない？
2　エンジンをかけっぱなしなんじゃない？
3　自転車のかごを取り外したんじゃない？

問題33　仕事の担当決め、揉めたでしょう？
1　ううん、ひっそりいなくなってた。
2　ううん、すんなり決まったよ。
3　ううん、まだひりひりしてる。

問題34　社長に直に頼まれちゃって…。
1　プレッシャーだね。
2　オーダーメイドですか。
3　リフォームしましょう。

問題35　この商品の売りは何ですか。
　　　　－何といってもコストパフォーマンスです。
1　確かに拙速にもほどがありますね。
2　確かに値が張るだけありますね。
3　確かに相場より2割はお得ですね。

問題３６　石井さんの仕事ぶりに感銘を受けました。
1　お世辞はやめてください。
2　余計なお節介です。
3　干渉しないでください。

問題３７　あの俳優、ドラマがヒットしてからえらい人気だね。
1　きっと無駄な努力ですよ。
2　一過性のものだと思いますよ。
3　すっかり定着しましたから。

問題３８　なぜ３月中に有休を取ったほうがいいんですか。
1　給料は高いほどいいでしょう？
2　取らないと減税されかねないからね。
3　消化しないと時効で消えちゃうからだよ。

問題３９　顧客の反応、いま一つでしたね。
　　　　　ーええ、私が至らなかったばかりに…。
1　あなたが責任を感じることはありませんよ。
2　若気の至りとでも言いましょうか。
3　腕が上がりましたね。

問題４０　スポンサーになっていただけないでしょうか。
1　結局お蔵入りってわけね。
2　せっかくの努力が水の泡ね。
3　ない袖は振れないよ。

会話・説明問題

「＊」の部分は録音されていません。

例題

————————————————

男：佐藤さん、明日の会議の資料はできましたか。
女：はい、できました。こちらです。
男：じゃ、10部コピーしておいてください。
女：あのう、コピーする前に内容をチェックしていただけないでしょうか。
男：ええ、いいですよ。
女：お願いします。

————————————————

女性は男性に何をお願いしましたか。
＊1　資料のコピー
＊2　資料のチェック
＊3　資料の作成
最も良いものは2です。ですから、例のように2をマークします。

1　女性と男性の会話を聞いてください。

————————————————————————

女：池田さん、おはようございます。
男：おはようございます。
女：元気ないですね。具合悪いんですか。
男：3時間しか寝てなくて…。
女：もしかして今日のプレゼンの準備が終わらなくて、夜中までやってたんじゃないですか。
男：いえ、緊張で眠れなかったんですよ。
女：そうでしたか。池田さんなら大丈夫ですよ。頑張ってください。

————————————————————————

問題41　男性の元気がないのはなぜですか。
＊1　プレゼンの準備が終わっていないため
＊2　会社に遅れたため
＊3　あまり寝ていないため

問題42　男性はこれから何をしますか。
＊1　徹夜
＊2　残業
＊3　プレゼン

2　会社で男性と女性が話しています。この会話を聞いてください。

————————————————————————

男：会社を移転してからセミナーを開く機会が増えたんだけど、講師の方に場所がわからないってよく言われるんだよ。
女：そういえば、この間も課長が駅まで講師の方を迎えに行ってましたよね。
男：そうなんだよ。
女：課長、それじゃ最寄駅から会社までの地図を作りましょうか。
男：ああ、それいいね。できれば目印になるものの写真なんかが入れてあるといいな。
女：写真ですか。いい写真、見つかりますかね。
男：もちろん撮りに行くんだよ。今日、時間ある？
女：午前中は頼まれた資料を作る予定でしたが…。
男：資料は急いでないから明日でもいいよ。
女：じゃ、来客の予定もないですし、今から行ってきます。
男：よろしく。

————————————————————————

問題43　男性は何が問題だと言っていますか。
＊1　セミナーの回数が増えたこと
＊2　会社の場所が変わったこと
＊3　会社の場所がわかりにくいこと

問題44　女性はこのあとまず何をしますか。
＊1　資料を作る。
＊2　写真を撮りに行く。
＊3　講師を迎えに行く。

3 女性が鉄道会社の人に話を聞いています。この会話を聞いてください。

────────────────────

女：動物が列車とぶつかる事故が増えているそうですね。

男：3か月で約570件も起きています。去年の1.3倍です。

女：そんなにですか。どんな動物が多いのですか。

男：圧倒的に多いのが鹿ですね。線路を舐めに来るんですよ。

女：え？　線路を舐めるんですか。

男：ええ。鉄分は鹿に必要な栄養ですから、それを補うために鉄でできている線路を舐めるんですね。

女：そうなんですね。では、事故を減らすための対策は何かなさっていますか。

男：ええ。線路の近くに鉄分を含むブロックを置いて、鹿を線路に近づけないようにしたり、事故が特に多い場所には鹿の進入を防ぐ柵を設置したりしています。一定の効果は出ていますが、今後も専門家の意見を聞きながら様々な対策を進めていくつもりです。

────────────────────

問題45　鹿と列車がぶつかる事故の原因は何だと言っていますか。

＊1　鹿が線路を舐めに来ること
＊2　線路が鹿の生活場所にあること
＊3　鹿の数が増えていること

問題46　どんな対策をしていると言っていますか。
＊1　鉄分を含むものを線路の近くに置いている。
＊2　線路の表面の塗装を変えている。
＊3　柵の中で鹿を生活させようとしている。

4 女性の話を聞いてください。

────────────────────

女：ある旅行会社が、スマートフォンの利用と旅行消費に関する調査の結果を発表しました。それによると、スマートフォンを利用した旅行商品の予約や購入割合は年々増加し、47.3パーセントとなりました。購入したもの別にみると宿泊施設が最も高く27.7パーセントで、レストランが15.8パーセント、国内ツアーが15.7パーセントと続きました。レストランやレンタカーの予約は今年大きな伸びを見せましたが、海外ツアーについては伸び悩みが続いています。航空券や宿泊施設の購入割合はそれぞれ増加していることから、ツアーではなく、宿泊先や交通手段を別々に予約購入する個人旅行型が増えていることが背景にあると考えられます。

────────────────────

問題47　スマートフォンで予約購入をした旅行関連商品の割合はどうなっていると言っていますか。

＊1　増えている。
＊2　減っている。
＊3　過半数を超えた。

問題48　スマートフォンで予約購入した旅行関連商品で最も多いのは何だと言っていますか。

＊1　国内ツアー
＊2　レストラン
＊3　宿泊施設

問題49　海外ツアーの予約が伸び悩んでいる原因は何だと言っていますか。

＊1　治安への不安
＊2　円安の影響
＊3　個人旅行型の増加

5　男性と女性の会話を聞いてください。

————————————————————

男：転職した会社はどう？

女：すごく働きやすいよ。オフィスはカフェのような空間で、服装もラフなスタイルでよくて、リラックスして働けるわ。

男：いいね。うちは昔ながらの堅苦しい会社で、真夏でもスーツにネクタイだからね。結婚や出産を機に辞める女性も多くて本当に時代遅れだよ。

女：うん。私の前の職場もそんな感じだった。働き続けたかったけど子育てしながらは難しいと判断したのよね。今の会社は勤務時間や場所も自由で、あなたみたいに朝が弱いなら無理して朝早く出勤する必要はないのよ。自分のパフォーマンスが最大限発揮できる時間帯に頑張ればいいって方針。

男：それは素晴らしいね。

女：私は時々自宅で働くことにしている。職場に子供を連れて行くこともできるし。あ、子供に限らずペットを連れて行ってもいいのよ。

男：へえ、本当に自由で働きやすい会社なんだね。

女：そうね。でもその代わり会社にプラスになる働きをしなければ、という重圧はあるわ。

————————————————————

問題５０　女性の会社について会話の内容と合っているのはどれですか。

＊１　カフェを改装したオフィスである。

＊２　自由な社風である。

＊３　子供向けのビジネスをしている。

問題５１　女性は転職したことをどう思っていますか。

＊１　満足している。

＊２　後悔している。

＊３　タイミングが悪かった。

問題５２　男性の会社について会話の内容と合っているのはどれですか。

＊１　服装規定がある。

＊２　残業が少ない。

＊３　職場に女性社員がいない。

6　女性が企業の社長にインタビューをしています。この会話を聞いてください。

————————————————————

女：御社はITやWeb業界に特化した転職情報サイトを手掛けてらっしゃいますが、ここ数年、売上高が150パーセントの伸びを見せていますね。好調の要因をお聞かせ願えますか。

男：短期的に何か特別なことをしたわけではありません。地道にコツコツと開発を続けてきた結果だと捉えています。目先の売上を追うようなことはしない。これが当社の全メンバーに浸透している考えなんです。

女：日々のたゆまぬ努力の結果が、150パーセントの成長理由というわけですね。ところで、組織構成でも特徴があると聞いていますが。

男：組織構成においては従来の常識を気にしていません。当社ではエンジニアや営業といった分け方はしていますが、部長などの肩書はなく、上司・部下という関係性も存在しません。全メンバーがフラットな関係です。一人一人が自分の強みを生かすことでチームの勝利に貢献するスポーツチームのような組織を理想としています。

女：そうですか。では最後に、今後の展望や夢をお聞かせください。

男：創業時に掲げた理念は「世界中の人々を魅了する会社に」です。その思いは全く変わっていません。私たちが実践し、結果の出ている組織構造やビジネスの進め方を世界中の人々や企業に知ってもらいたいと考えています。

————————————————————

問題５３　男性の企業が好調である理由は何だと
　　　　　　言っていますか。
＊１　IT化を推進したため
＊２　日々開発に努力してきたため
＊３　目の前の利益を重視したため

問題５４　男性は企業の組織構成について何と言っ
　　　　　　ていますか。
＊１　部下が上司を尊敬できるような関係性がいい。
＊２　従来の常識を尊重すべきである。
＊３　個々の強みを生かしてチームに貢献するのが
　　　　いい。

問題５５　男性の企業について会話の内容と合って
　　　　　　いるのはどれですか。
＊１　現在、海外進出を目指して準備を進めている。
＊２　自社の組織構造やビジネスを海外に広めると
　　　　いう理念を掲げている。
＊３　海外企業から理想的なビジネスモデルを学ん
　　　　でいる。

これで聴解試験を終わります。

第3回 J.TEST実用日本語検定（A−Cレベル）
正解とスクリプト

■ 読解・記述問題　500点

《 文法語彙問題 》各5点（200点）				《 読解問題 》各6点（120点）		《 漢字問題A 》各4点（60点）	
1) 4	11) 1	21) 1	31) 1	41) 1	51) 1	61) 4	71) 4
2) 2	12) 4	22) 1	32) 4	42) 3	52) 4	62) 2	72) 1
3) 1	13) 1	23) 2	33) 2	43) 2	53) 2	63) 2	73) 1
4) 3	14) 4	24) 2	34) 2	44) 4	54) 4	64) 3	74) 4
5) 2	15) 2	25) 1	35) 1	45) 3	55) 3	65) 1	75) 3
6) 2	16) 1	26) 4	36) 4	46) 1	56) 4	66) 3	
7) 4	17) 2	27) 4	37) 3	47) 3	57) 4	67) 3	
8) 2	18) 3	28) 4	38) 1	48) 4	58) 2	68) 1	
9) 1	19) 4	29) 3	39) 3	49) 1	59) 2	69) 4	
10) 3	20) 3	30) 1	40) 2	50) 3	60) 4	70) 2	

《 漢字問題B 》各4点（60点）　＊漢字問題A＋B＝計120点

76) はこ　　　　80) しゃこ　　　　84) ふにん　　　　88) けんざい
77) こな　　　　81) ほうふ　　　　85) きつえん　　　89) れんか
78) わき　　　　82) およ　　　　　86) だいたい　　　90) しんちょく
79) いし　　　　83) おさ　　　　　87) ちょうだい

解答例　《 記述問題A 》各6点（30点）　＊（A）と（B）が両方正解で6点。部分点はありません。

91)（A）歌い　　　　　　　　　　　（B）痛
92)（A）食べ　　　　　　　　　　　（B）残さ
93)（A）暖かい　　　　　　　　　　（B）暑い
94)（A）つまらな　　　　　　　　　（B）見
95)（A）少なかった　　　　　　　　（B）出る

解答例　《 記述問題B 》各6点（30点）　＊部分点はありません。　＊記述問題A＋B＝計60点

96) 電気を消すのを忘れない
97) なんて無理に決まっている
98) 車で送ってくれた
99) 書類を受け取り次第
100) 嫌われたばかりに出世コースから

■ 聴解問題　500点

《写真問題》各5点（50点）	《聴読解問題》各10点（100点）	《 応答問題 》各10点（200点）		《 会話・説明問題 》各10点（150点）	
1) 1	11) 2	21) 3	31) 3	41) 2	51) 2
2) 4	12) 3	22) 3	32) 3	42) 2	52) 1
3) 1	13) 1	23) 2	33) 2	43) 3	53) 2
4) 2	14) 3	24) 1	34) 1	44) 1	54) 3
5) 3	15) 2	25) 3	35) 1	45) 3	55) 1
6) 2	16) 1	26) 1	36) 2	46) 2	
7) 3	17) 1	27) 1	37) 1	47) 2	
8) 4	18) 4	28) 2	38) 2	48) 2	
9) 1	19) 4	29) 3	39) 1	49) 3	
10) 3	20) 3	30) 1	40) 2	50) 1	

第3回 A-Cレベル　聴解スクリプト

写真問題

例題の写真を見てください。
例題1　これは何ですか。
1　コップです。
2　いすです。
3　ノートです。
4　カメラです。

例題2　これで何をしますか。
1　すわります。
2　字を書きます。
3　水を飲みます。
4　写真をとります。
最も良いものは、例題1は1、例題2は3です。で
すから、例題1は1、例題2は3を例のようにマー
クします。

Aの写真を見てください。
問題1　何をしていますか。
1　組み立てています。
2　畳んでいます。
3　ぶら下げています。
4　溶かしています。

問題2　正しい説明はどれですか。
1　腕を振り回しています。
2　肩が外れそうです。
3　つま先を立てています。
4　両手で作業しています。

Bの写真を見てください。
問題3　どんな様子ですか。
1　悩んでいます。
2　納得しています。
3　無表情です。
4　あきれています。

問題4　正しい説明はどれですか。
1　顔を背けています。
2　頭を抱えています。
3　髪の毛を抜いています。
4　口を塞いでいます。

Cの写真を見てください。
問題5　子供達はどんな様子ですか。
1　横向きに寝ています。
2　仰向けに寝ています。
3　床に寝そべっています。
4　あぐらをかいています。

問題6　正しい説明はどれですか。
1　座布団が散らばっています。
2　部屋の隅にテレビが設置されています。
3　物が整然と並べられています。
4　子供達は民族衣装を着ています。

Dの写真を見てください。
問題7　ここはどこですか。
1　国会議事堂です。
2　災害対策本部です。
3　陸上競技場です。
4　卸売市場です。

問題8　ここで何をしますか。
1　バケツリレーです。
2　優先順位の決定です。
3　全力でゴールを守ります。
4　スピードを競い合います。

Eの写真を見てください。
問題9　部長と話したいことがある時、何と言いま
　　　　すか。
1　少しお時間よろしいでしょうか。
2　部長、具合はいかがでしょうか。
3　ちょっとお邪魔いたします。
4　ご用件を承りましょうか。

Fの写真を見てください。
問題10　迷惑を掛けてしまったことをもう一度謝りま
　　　　　す。こんな時、何と言いますか。
1　度々失礼いたします。
2　謝罪を繰り返させていただきます。
3　重ねてお詫び申し上げます。
4　再三、迷惑を被りました。

例題を見てください。男性と女性が、会社のロゴの位置について話しています。
例題1　男性はどの位置がいいと言っていますか。
例題2　女性はどの位置がいいと言っていますか。
――――――――――――――――――――
男：名刺のデザインを変えるんだけど、会社のロゴの位置はどこがいいと思う？
女：住所の前がいいんじゃない？
男：うーん、でも、それじゃあ目立たないよ。会社名の前に大きく入れたら、どう？
女：えー、ロゴは控えめに、住所の前にあるほうがいいわよ。
――――――――――――――――――――
例題1　男性はどの位置がいいと言っていますか。
例題2　女性はどの位置がいいと言っていますか。
最も良いものは、例題1は2、例題2は3です。ですから、例題1は2、例題2は3を例のようにマークします。

Gを見てください。
女性と男性が話しています。

問題11　女性が最初に注意したのはどれですか。
問題12　男性が友達に借りたのはどれですか。
――――――――――――――――――――
女：リュウさん、眼鏡かけてスーツ着て、どうしたんですか。
男：今日は取引先に行くんです。
女：ちょっと待って。それ、お葬式用のネクタイですよ。
男：え！　そうなんですか。コンビニで買ったんですけど…。
女：ワイシャツも下のTシャツの柄が透けて見えてるし、上着もサイズ合ってないんじゃないですか。
男：はい。友達に借りたんで、ちょっときついんです。
女：自分のはどうしたんですか。
男：ちょうどクリーニングに出していて…。
女：そうですか。せめて、ネクタイはどうにかしたほうがいいですよ。
男：わかりました。
――――――――――――――――――――
問題11　女性が最初に注意したのはどれですか。
問題12　男性が友達に借りたのはどれですか。

Ｈを見てください。
女性が話しています。

問題１３　「セキュリティーが不安」という項目は
　　　　　どれですか。
問題１４　「不満はない」という項目はどれです
　　　　　か。
————————————————————
女：こちらのグラフは電子マネーを利用している方
　　に、電子マネーを利用していて不満な点につい
　　て尋ねた結果です。最も多かったのは「残額が
　　わかりにくい」という意見でした。次に多かっ
　　たのは「チャージが面倒」、「セキュリティー
　　が不安」という２つです。そして、「使える店
　　が少ない」という意見がその次に続きます。一
　　方で、「特に不満はない」という回答もあり、
　　その割合は「使いすぎてしまう」という意見を
　　わずかに上回りました。
————————————————————
問題１３　「セキュリティーが不安」という項目は
　　　　　どれですか。
問題１４　「不満はない」という項目はどれです
　　　　　か。

Ｉを見てください。
男性が話しています。

問題１５　第２位はどれですか。
問題１６　第３位はどれですか。
————————————————————
男：「もう一度見たいと思う日本国内の観光名所、
　　絶景スポット」について成人男女に聞きました。
　　堂々の第１位は、日本の名所として国内外で絶
　　大な人気を誇る「富士山」です。富士山は静岡
　　県と山梨県の間にまたがる3,776メートルの山
　　で、その美しい姿は日本の象徴として知られて
　　います。次いで第２位に選ばれたのは広島県の
　　厳島神社です。海の中に立つ大きな赤い鳥居が
　　印象的な厳島神社は、建物の美しさだけでなく、
　　海や山などの周りの風景との調和も印象的です。
　　第３位に選ばれたのは、鹿児島県の屋久島です。
　　樹齢7200年とも言われる縄文杉をはじめとする
　　屋久杉で有名な、豊かな自然に囲まれた島です。
　　そして４位に選ばれたのは伊勢神宮と上高地の
　　２か所です。伊勢神宮は三重県にある神社で、
　　現在の皇室の祖先と言われる神が祭られていま
　　す。また上高地は長野県に位置する景勝地で、
　　美しい山や池を楽しむことができます。
————————————————————
問題１５　第２位はどれですか。
問題１６　第３位はどれですか。

Jを見てください。
女性と男性が話しています。

問題１７　男性はどんな副業に関心がありますか。
問題１８　女性はどんな副業に関心がありますか。
ーーーーーーーーーーーーーーーーーーーー
女：最近働き方改革で残業時間が規制されているで
　　しょ。自由な時間が増えた分、収入も減っ
　　ちゃったから、何か副業したいなと思ってるん
　　だけど。
男：実は僕も副業始めようと思って、今いろいろ調
　　べてるんだ。
女：どんな副業？
男：広告収入がメインのサイトを運営するアフィリ
　　エイトとか、スマホアプリを開発するようなク
　　ラウドソーシングとかやってみたいな。利益率
　　も高いし、結構稼げるらしいんだよね。
女：伊藤君は仕事もIT系だからネットに詳しいもん
　　ね。本業を生かした副業って、本業のスキル
　　アップにもつながりそうだし、いいわね。私は
　　IT系の知識は全然ないから、そういうのは無理
　　そうだな。
男：どんなことやりたいって思ってるの？
女：私の場合は本業を生かした副業っていうのはあ
　　んまりなさそうだな。やるとしたらスマホを
　　使ったアンケートで謝礼をもらったり、ポイン
　　トサイトでポイントをためたり、その程度かな。
男：家事代行なんてどう？　いろいろな家に行って
　　掃除や料理を手伝うの。
女：それは無理よ。私、自分の家も汚いし食事だっ
　　て毎日コンビニで買ってるのに。
ーーーーーーーーーーーーーーーーーーーー
問題１７　男性はどんな副業に関心がありますか。
問題１８　女性はどんな副業に関心がありますか。

Kを見てください。
女性が高血圧治療について話しています。

問題１９　新しい指針での75歳未満の降圧目標はど
　　　　　れですか。
問題２０　正常高値血圧はどれですか。
ーーーーーーーーーーーーーーーーーーーー
女：日本高血圧学会は、昨年、高血圧治療ガイドラ
　　インを改定し、血圧をどの数値まで下げるべき
　　かという降圧目標を変更しました。背景には高
　　血圧が最大の原因である脳卒中による死者が多
　　いことがあります。新しい指針では、75歳未満
　　の成人の降圧目標について、最高血圧を140未満
　　から130未満に、最低血圧は90未満から80未満に、
　　それぞれ10ミリずつ引き下げました。75歳以上
　　の高齢者については最高血圧のみ10ミリ引き下
　　げ140未満とし、最低血圧は旧指針から変えずに
　　90としています。この新指針が求めるのは意識
　　改革だと言います。新指針では、最高血圧が130
　　から139を「高値血圧」、120から129を「正常高
　　値血圧」と名付け、早い段階からの生活習慣改
　　善を促しています。血圧の上昇の原因となる塩
　　分の摂りすぎを防ぐため、１日の塩分摂取量が
　　６グラム未満となるよう食事の工夫を呼び掛け
　　ています。
ーーーーーーーーーーーーーーーーーーーー
問題１９　新しい指針での75歳未満の降圧目標はど
　　　　　れですか。
問題２０　正常高値血圧はどれですか。

例題１　おはようございます。
1　おはようございます。
2　おやすみなさい。
3　さようなら。

例題２　お仕事は？
　　　　　－会社員です。
1　私も会社員じゃありません。
2　私も会社員です。
3　私も医者です。
最も良いものは、例題１は１、例題２は２です。ですから、例題１は１、例題２は２を例のようにマークします。

問題２１　怪我が治ったら一緒に出掛けよう。
1　うん、毎日忙しくてたまらないよ。
2　うん、足がかゆくてたまらないよ。
3　うん、早く外に出たくてたまらないよ。

問題２２　君のお姉さん、優しいね。
1　二度と優しくするもんか！
2　厳しいもんか！　優しすぎるんだよ。
3　優しいもんか！　僕には厳しいよ。

問題２３　どうぞお召し上がりください。
1　まだいただいていませんよ。
2　車で来ているものですから。
3　許しがたいことですね。

問題２４　課長、あくびばかりしてたね。
1　寝不足なのかな。
2　風邪をひいたのかな。
3　怒りっぽいよね。

問題２５　横田さんからのメール、私にも見せてもらえますか。
1　転職を考えたほうがいいですよ。
2　添付資料で送ってください。
3　すぐに転送しますね。

問題２６　ゴミ袋がなくなっちゃった。
1　図書館行くついでに買ってくるよ。
2　資源は無駄にしないでよ。
3　もう少し食べる量減らしたら？

問題２７　支払いはもう済ませてあるんですか。
1　はい、さっきやっておきました。
2　時間がないので近場で済ませましょうか。
3　もうここには住んでいません。

問題２８　昨日は本当に仕事で行けなかったのよ。
1　懐かしい！
2　嘘つけ！
3　けち！

問題２９　小野くん、最近頑張ってますね。
1　私も見送らないと。
2　私も見渡さないと。
3　私も見習わないと。

問題３０　人手不足で困っています。
1　何人くらい足りないんですか。
2　材料を用意しましょう。
3　雨が降るといいですね。

問題３１　最近鈴木さんは付き合い悪いね。
　　　　　－今、ギターに凝っているらしいよ。
1　そんなに疲れてるんだ。
2　どれくらい残っているのかなあ。
3　へえ、意外な趣味だね。

問題３２　あっ、今、電車の中なので折り返します。
1　私も今、席を外しています。
2　いえ、そのまま乗っていてください。
3　じゃ、お願いします。

問題３３　この町にはもう長いんですか。
1　ええ、10キロ以上です。
2　ええ、地元です。
3　ええ、最長距離です。

問題３４　この荷物どかしてもいいですか。
1　はい、かまいませんよ。
2　ちょっと、どうかしてますね。
3　まだ凍っていますか。

問題３５　この店の生姜焼きはなんてうまいんだ！
1　絶品だよね。
2　品切れみたいだ。
3　返品しようか。

問題３６　営業会議で部長、すごい剣幕でしたね。
1　部下を褒めちぎってましたね。
2　前年比10パーセントダウンですからね。
3　過去最高の黒字ですからね。

問題３７　中村君には愛想が尽きたよ。
　　　　　ー新人なので大目に見てやってくださいま
　　　　　　せんか。
1　うーん。君に免じて今回だけは目を瞑ろう。
2　うーん。君も見る目があるなあ。
3　うーん。君ですら目も当てられないか。

問題３８　話し合いに進展はありましたか。
1　ええ、不評に終わりました。
2　ええ、首尾よく交渉成立です。
3　失敗はつきものです。

問題３９　審査が通らなかったそうです。
1　書類の不備とは情けないですね。
2　飛行機だと楽ですよ。
3　税理士の資格ならありますよ。

問題４０　山田さんと課長、その後どうですか。
　　　　　ーお互い譲る気はないようです。
1　一期一会ですね。
2　一触即発ですね。
3　一球入魂ですね。

| 会話・説明問題 |

「＊」の部分は録音されていません。

例題
ーーーーーーーーーーーーーーーーーーーー
男：佐藤さん、明日の会議の資料はできましたか。
女：はい、できました。こちらです。
男：じゃ、10部コピーしておいてください。
女：あのう、コピーする前に内容をチェックしてい
　　ただけないでしょうか。
男：ええ、いいですよ。
女：お願いします。
ーーーーーーーーーーーーーーーーーーーー
女性は男性に何をお願いしましたか。
＊1　資料のコピー
＊2　資料のチェック
＊3　資料の作成
最も良いものは2です。ですから、例のように2を
マークします。

1　女性と男性の会話を聞いてください。

ーーーーーーーーーーーーーーーーーーーーー

女：おはよう、顔色悪いね。大丈夫？
男：昨日、飲みすぎちゃって。
女：また？　どのくらい飲んだの？
男：おぼえてない。途中から記憶ないんだ。でも
　　ちゃんと家に帰ってシャワーを浴びてから寝た
　　みたい。
女：もう、しっかりしてよ！　自分の限界を知っと
　　かなきゃ駄目だよ。
男：はーい。
女：お水は飲んだの？
男：うん、今朝たくさん。
女：あ、違う違う。お酒を飲みながらよ。
男：いや、飲んでないな。
女：お酒と同じ量だけお水を飲むといいよ。私はお
　　酒飲む時はそうしてる。
男：そうなんだ。次は試してみるよ。

ーーーーーーーーーーーーーーーーーーーーー

問題４１　男性について会話の内容と合っているのは
　　　　　どれですか。
＊１　家でお酒を飲んでいた。
＊２　飲んだお酒の量をおぼえていない。
＊３　シャワーを浴びないで寝た。

問題４２　男性はこれからどうすると言っています
　　　　　か。
＊１　お酒を飲んだ翌朝に水をたくさん飲む。
＊２　お酒を飲みながら水も飲む。
＊３　お酒に入れる水の量を増やす。

2　女性と男性の会話を聞いてください。

ーーーーーーーーーーーーーーーーーーーーー

女：あれ？　早退ですか。
男：はい、ちょっと病院に…。
女：そうですか。お大事に。
男：いや、僕じゃなくて、娘がお腹を壊したみたい
　　で、さっき保育園から電話があったんです。
女：お迎えに行くんですね。
男：ええ。先月娘が熱を出したときは妻が早退したん
　　で、今度は僕の番なんです。
女：奥さんが羨ましいです。うちの夫なんか一度も
　　行ってくれたことないですよ。家事も全然手伝っ
　　てくれないし…。
男：え、全然ですか。
女：ええ、家事どころか、食べたら食べっぱなし。脱
　　いだら脱ぎっぱなし。
男：それは大変ですね。
女：ええ。

ーーーーーーーーーーーーーーーーーーーーー

問題４３　男性が早退する理由は何ですか。
＊１　風邪をひいたから
＊２　お腹の調子が悪いから
＊３　娘を病院へ連れて行くから

問題４４　女性の夫について会話の内容と合っている
　　　　　のはどれですか。
＊１　家事をしない。
＊２　病院へよく行く。
＊３　育児に協力的だ。

3　女性と男性の会話を聞いてください。

――――――――――――――――

女：キャ！

男：大丈夫ですか！？　起き上がれますか。

女：ええ。ありがとうございます。

男：危なかったですね。今の自転車、スピード出しすぎですよ。

女：ええ、びっくりしました。

男：この辺、自転車のマナーが悪い人が多いんですよね。学生かと思ったら社会人だったりして。

女：何とかなりませんかね。

男：ええ。注意しようと思うんですが、すぐに行ってしまうので。歩行者がいたら安全な運転をしてほしいですね。

――――――――――――――――

問題４５　女性はどうして倒れてしまいましたか。

＊１　車とぶつかりそうになったから

＊２　歩行者とぶつかったから

＊３　自転車とぶつかりそうになったから

問題４６　男性について会話の内容と合っているのはどれですか。

＊１　学生は自転車のマナーがいいと思っている。

＊２　自転車のマナーが悪い人に注意したいと思っている。

＊３　自転車は車道を走るべきだと思っている。

4　男性が食肉メーカーの社員に話を聞いています。この会話を聞いてください。

――――――――――――――――

男：うーん！　おいしいですね。このからあげ、本当にお肉を使っていないんですか。

女：ええ。大豆を主な原料として味や食感、風味を本物の肉に近づけて作りました。この大豆ミートの開発には２年以上かかっています。

男：そうでしたか。からあげの他にはどんな商品があるんですか。

女：とんかつ、ハンバーグ、ソーセージ、肉団子など８種類の商品がございます。どうぞ全種類差し上げます。そのまま食べられますよ。

男：ありがとうございます。調理がいらないのは嬉しいですね。バラエティ豊かで健康を気にしている私にもありがたい商品です。

女：ええ。健康志向の方だけでなく、ベジタリアンや宗教上の理由で食べられない肉がある方からも注目されているんですよ。

男：なるほど。すでにアメリカなどではフェイクミートとして市場が拡大していますが、日本でもブームがやってきそうですか。

女：ええ、その予感はありますね。

男：私も大豆ミートの商品を食生活に取り入れていきたいと思います。一番人気はどれですか。

女：ハンバーグです。噛めば噛むほどうまみが口の中に広がってとてもジューシーですよ。

男：そうですか。じゃ、今晩のおかずはこれにします。

――――――――――――――――

問題４７　男性は何を食べましたか。

＊１　肉で作られたからあげ

＊２　大豆で作られたからあげ

＊３　大豆で作られたハンバーグ

問題４８　大豆ミートの商品について会話の内容と合っているのはどれですか。

＊１　アメリカから原料を輸入している。

＊２　開発に時間がかかった。

＊３　本物の肉より硬い。

問題４９　男性について会話の内容と合っているのはどれですか。

＊１　宗教上の理由で肉を食べない。

＊２　今晩のおかずにハンバーグを作る。

＊３　健康に気をつけている。

5　ラジオで男性と女性が話しています。この会話を聞いてください。

――――――――――――――――――――

男：クレーム対応について二週続けてお話を伺っています。先週は、客のタイプに応じてクレーム対応を変える必要があるというお話でした。

女：ええ。理不尽な苦情や要求を言ってくるクレーム客を3つのタイプに分けてお話ししました。

男：「脅迫タイプ」「激情タイプ」「粘着タイプ」ですね。「脅迫タイプ」は要求を飲んでしまうと味をしめてエスカレートするので、屈してはいけないということでしたね。

女：ええ。遠回しな言い方で冷静に話してくるので厄介なタイプですね。それに比べると今日お話しする「激情タイプ」の対処法は簡単です。

男：最初から怒っていて、大きな声で怒鳴るのが特徴でしたね。とても簡単な相手とは思えませんが、どう対処すればいいのでしょうか。

女：たしかに、怒鳴られたら怖くて逃げ出したくなりますよね。でもそこは堪えて、そのお客様と同じくらいの大声を出してほしいと思います。

男：そんなことをしたら、余計に怒らせてしまうのではないですか。

女：いえ。この手のタイプは落ち着いた声で応対するのは逆効果です。人は無意識のうちに声の大きさや仕草など、自分と似た相手に好感を持つものです。なので、相手が早口でまくしたてるならこちらも早口で、相手が怒鳴るなら、「ご足労いただきすみません！」などと大声で返してください。そして、相手が少し落ち着いたらすかさず椅子を勧めてください。これは座ることで冷静になってもらうためです。

――――――――――――――――――――

問題５０　「脅迫タイプ」について会話の内容と合っているのはどれですか。

＊１　話し方が冷静である。
＊２　最初から怒っている。
＊３　要求をはっきりと言う。

問題５１　「激情タイプ」の客にはどう対処すればいいと言っていますか。

＊１　冷静に話を聞く。
＊２　大声で怒鳴り返す。
＊３　話す前に椅子を勧める。

問題５２　会話の内容と合っているのはどれですか。

＊１　客のタイプによって対応を変えるべきだ。
＊２　クレームを言う客は2つのタイプに分かれる。
＊３　どんな客の要求にもすぐに応じたほうがいい。

6　男性の話を聞いてください。

――――――――――――――――――――――

男：総務省が発表した2019年９月の家計調査による
　　と、２人以上の世帯の消費支出は前の年の同じ
　　月に比べ9.5パーセント増えたそうです。伸び率
　　は、前回増税時前を上回り、比較可能な2001年
　　１月以降で最大となりました。総務省は「９月
　　は消費税率引き上げ直前の駆け込みなどにより、
　　一時的に大きく増加した」と総括しました。駆
　　け込み需要がみられた品目をみると、冷蔵庫が
　　前の年に比べ3.3倍と最も大きく、その他にも炊
　　事用ガス器具、掃除機など、家庭用耐久財が大
　　きく伸びました。また、鉄道通学定期代が1.8倍、
　　自転車が2.8倍、ドライブレコーダーなどの自動
　　車等関連用品が2.3倍と、交通関連も消費を押し
　　上げました。この他、トイレットペーパー、お
　　むつや歯ブラシ、シャンプーなどの日用品も1.3
　　倍から1.5倍と、買いだめが目立ちました。

――――――――――――――――――――――

問題５３　2019年９月の消費支出の伸び率は前年９
　　　　　月と比べ、何パーセントでしたか。
＊１　3.3パーセント
＊２　9.5パーセント
＊３　28パーセント

問題５４　2019年９月の消費支出に影響したのは何
　　　　　ですか。
＊１　物価の下落
＊２　賃金の上昇
＊３　増税前の駆け込み需要

問題５５　2019年９月に最も消費支出が伸びた品目
　　　　　は何ですか。
＊１　家庭用耐久財
＊２　交通関連商品
＊３　日用品

これで聴解試験を終わります。

第4回　J.TEST実用日本語検定（A-Cレベル）
正解とスクリプト

■　読解・記述問題　500点

《 文法語彙問題 》 各5点（200点）				《 読解問題 》 各6点（120点）		《 漢字問題A 》 各4点（60点）	
1) 2	11) 3	21) 2	31) 3	41) 4	51) 1	61) 3	71) 3
2) 1	12) 1	22) 3	32) 2	42) 4	52) 3	62) 4	72) 2
3) 4	13) 4	23) 3	33) 1	43) 1	53) 1	63) 2	73) 1
4) 3	14) 2	24) 1	34) 2	44) 2	54) 2	64) 1	74) 1
5) 2	15) 3	25) 1	35) 3	45) 1	55) 3	65) 4	75) 2
6) 2	16) 3	26) 1	36) 4	46) 2	56) 2	66) 4	
7) 3	17) 2	27) 4	37) 1	47) 4	57) 4	67) 2	
8) 4	18) 1	28) 2	38) 4	48) 1	58) 4	68) 1	
9) 1	19) 4	29) 4	39) 2	49) 2	59) 2	69) 3	
10) 1	20) 1	30) 1	40) 2	50) 4	60) 4	70) 4	

《 漢字問題B 》各4点（60点）　＊漢字問題A＋B＝計120点

76) よこ	80) ふくぎょう	84) した	88) かくせい
77) かいとう	81) けんこう	85) くちびる	89) べんぎ
78) しず	82) ともな	86) いど	90) ばってき
79) あたた	83) じゃり	87) かんきわ	

解答例　《 記述問題A 》各6点（30点）　＊（A）と（B）が両方正解で6点。部分点はありません。

91)（A）降り	（B）傘
92)（A）涼しい	（B）寒い
93)（A）したい	（B）反対される
94)（A）取る	（B）読み
95)（A）来て	（B）住んで

解答例　《 記述問題B 》各6点（30点）　＊部分点はありません。　＊記述問題A＋B＝計60点

96)　3日くらい提出が遅れても
97)　インターネットを通じて仕事を
98)　切りに行く時間
99)　英語はもとよりフランス語も
100)　君に期待しているからこそ

■　聴解問題　500点

《写真問題》 各5点（50点）	《聴読解問題》 各10点（100点）	《 応答問題 》 各10点（200点）		《 会話・説明問題 》 各10点（150点）	
1) 3	11) 1	21) 1	31) 1	41) 2	51) 2
2) 4	12) 4	22) 1	32) 1	42) 1	52) 2
3) 2	13) 1	23) 3	33) 3	43) 2	53) 1
4) 2	14) 3	24) 2	34) 3	44) 2	54) 3
5) 3	15) 1	25) 2	35) 2	45) 3	55) 2
6) 1	16) 3	26) 1	36) 3	46) 1	
7) 3	17) 2	27) 2	37) 3	47) 3	
8) 1	18) 1	28) 1	38) 2	48) 3	
9) 4	19) 2	29) 3	39) 1	49) 1	
10) 2	20) 3	30) 1	40) 3	50) 1	

[写真問題]

例題の写真を見てください。
例題1　これは何ですか。
1　コップです。
2　いすです。
3　ノートです。
4　カメラです。

例題2　これで何をしますか。
1　すわります。
2　字を書きます。
3　水を飲みます。
4　写真をとります。
最も良いものは、例題1は1、例題2は3です。ですから、例題1は1、例題2は3を例のようにマークします。

Aの写真を見てください。
問題1　ここはどこですか。
1　リビングです。
2　居間です。
3　寝室です。
4　床の間です。

問題2　正しい説明はどれですか。
1　2か所の窓のカーテンが同じ柄です。
2　掛け布団がずぶ濡れです。
3　2台のベッドの間隔が広いです。
4　窓の脇に植物が置いてあります。

Bの写真を見てください。
問題3　これは何ですか。
1　ほうきです。
2　筆です。
3　定規です。
4　鈴です。

問題4　正しい説明はどれですか。
1　キャップが付いています。
2　毛先が揃っています。
3　先端が割れています。
4　墨が垂れています。

Cの写真を見てください。
問題5　男性は何をしていますか。
1　台本をアレンジしています。
2　楽譜を暗記しています。
3　メニューを眺めています。
4　料理を提供しています。

問題6　立っている女性について、正しい説明はどれですか。
1　誠実に応対しています。
2　指示に背いています。
3　相手を励ましています。
4　特徴を見逃しています。

Dの写真を見てください。
問題7　何をしていますか。
1　見積りを取っています。
2　稟議書を作成しています。
3　家計簿をつけています。
4　身元保証書に記入しています。

問題8　これで何ができますか。
1　支出の把握です。
2　お金の無駄遣いです。
3　口座振替です。
4　税金の取り立てです。

Eの写真を見てください。
問題9　相手の名前を聞く時、何と言いますか。
1　お名前をお尋ねしております。
2　お名前を頂戴いたしますか。
3　お名前をお受けいただけませんか。
4　お名前をお聞かせいただけますか。

Fの写真を見てください。
問題10　製品がよく売れていると伝えます。こんな時、何と言いますか。
1　多大な労力を費やしております。
2　市場占有率が極めて高くなっております。
3　購買層には大きな余地があります。
4　広範囲において活動しております。

例題を見てください。男性と女性が、会社のロゴの位置について話しています。

例題1　男性はどの位置がいいと言っていますか。
例題2　女性はどの位置がいいと言っていますか。
——————————————————
男：名刺のデザインを変えるんだけど、会社のロゴの位置はどこがいいと思う？
女：住所の前がいいんじゃない？
男：うーん、でも、それじゃあ目立たないよ。会社名の前に大きく入れたら、どう？
女：えー、ロゴは控えめに、住所の前にあるほうがいいわよ。
——————————————————
例題1　男性はどの位置がいいと言っていますか。
例題2　女性はどの位置がいいと言っていますか。
最も良いものは、例題1は2、例題2は3です。ですから、例題1は2、例題2は3を例のようにマークします。

Gを見てください。
男性と女性が電話で話しています。

問題11　ライターはどこにありましたか。
問題12　女の人はどこを探しますか。
——————————————————
男：ねえ、今どこにいる？
女：家の駐車場だけど。
男：よかった。車に落とし物をしたみたいでね。悪いけど探してもらえる？
女：ああ、運転席にライター落ちてるよ。
男：いや、それじゃない。昨日、運転中に急ブレーキをかけて、後ろの席に置いてた鞄が倒れちゃったんだよねー。
女：ふーん。で、何を探せばいいの？
男：USB。それがないと困るんだよ。座席の下、見てくれない？
女：わかった。
——————————————————
問題11　ライターはどこにありましたか。
問題12　女の人はどこを探しますか。

Hを見てください。
会社で男性と女性が話しています。

問題１３　男性がしたのはどれですか。
問題１４　女性は、ストレスがたまっている時、ま
　　　　　ず何をするのがいいと言っていますか。
ーーーーーーーーーーーーーーーーーーーー
男：あー、仕事が忙しくてストレスたまるなー。ス
　　トレス解消しようと思って、こないだ飲み会を
　　したんだけど、かえって疲れちゃったよ。
女：はは。私も温泉に行ったんだけど、逆にくたび
　　れて月曜日辛かったわ。でもテレビでやってた
　　んだけど、ストレスたまってる時はまずエネル
　　ギーを回復させるのがいいらしいわよ。
男：へえ、どうやって？
女：まずはしっかり寝て、栄養あるものを食べるこ
　　とだって。疲れが完全に取れてから、リラック
　　スできるアロマや音楽に触れたり、自然に触れ
　　合ったりするのがいいらしい。
男：ふーん、やってみよう。
ーーーーーーーーーーーーーーーーーーーー
問題１３　男性がしたのはどれですか。
問題１４　女性は、ストレスがたまっている時、ま
　　　　　ず何をするのがいいと言っていますか。

Ｉを見てください。
男性が中学校教員の仕事時間について話しています。

問題１５　事務業務時間の世界平均は、１週間あた
　　　　　り何時間ですか。
問題１６　日本の中学校教員が１週間あたり0.6時間
　　　　　だったのは何ですか。
ーーーーーーーーーーーーーーーーーーーー
男：日本の中学校教員の１週間あたりの仕事時間は、
　　世界平均の38.3時間をはるかに上回る56時間で
　　世界最長となっています。部活動などの課外活
　　動の指導時間は、世界平均が1.9時間であった
　　のに対し、日本は7.5時間でした。また、書類作成
　　などの事務業務の時間も世界平均が2.7時間で
　　あったのに対し、5.6時間で、課外活動指導とと
　　もに世界最長です。一方で、教員の力を高める
　　ための「職能開発活動」に割く時間は最も短く、
　　世界平均が２時間だったのに対し、日本はわず
　　か0.6時間です。さらに、「批判的に考える必要
　　がある課題を与える」といった指導をしている
　　と答えたのは12.6パーセントに過ぎず、「主体
　　的・対話的で深い学び」という国が目標とする
　　教育を実践できていない現状が明らかとなって
　　います。
ーーーーーーーーーーーーーーーーーーーー
問題１５　事務業務時間の世界平均は、１週間あた
　　　　　り何時間ですか。
問題１６　日本の中学校教員が１週間あたり0.6時間
　　　　　だったのは何ですか。

Jを見てください。
女性と男性が話しています。

問題１７　現在問題があるのはどの店舗ですか。
問題１８　今後注意が必要なのはどの店舗ですか。
ーーーーーーーーーーーーーーーーーーーーーーー
女：部長、４店舗の上半期のデータをお持ちしました。前年上半期と比較した増減率です。
男：ありがとう。前年と比べてどうですか。
女：こちらの店舗が売上高がマイナスになっています。
男：ああ、でも利益率は落ちてませんね。何か事情はありませんか。
女：あ、台風の被害で１週間ほど営業できなかった店舗です。
男：となると、現状問題があるのは売上が伸びている割に利益率がそれほど増えていない店舗ですね。調査してください。
女：はい、わかりました。
男：それと、ここの店舗は売上が伸びていないのに利益率は大幅にアップしていますね。その場合、従業員に負担がかかっている可能性があります。
女：今後、何か問題が出てくるかもしれませんね。
男：ええ、注意が必要です。
ーーーーーーーーーーーーーーーーーーーーーーー
問題１７　現在問題があるのはどの店舗ですか。
問題１８　今後注意が必要なのはどの店舗ですか。

Kを見てください。
女性が日本と欧米諸国の大学生の進路決定時期について比較しています。

問題１９　ドイツはどれですか。
問題２０　カナダはどれですか。
ーーーーーーーーーーーーーーーーーーーーーーー
女：日本では大卒で仕事に就いている人のうち、大学生活前半以前に進路を決めていた人は16パーセント程度しかいません。ほとんどが大学生活後半で行う就職活動時期に決めています。世界を見渡すと、大学生活の前半までに卒業後の進路を決めている人は、ドイツ、カナダ、オーストラリアの3か国では半数を超えています。これらの国では大学進学時の専攻を決める際に、将来の進路を仮で決め、大学在学中に専攻を活かせる企業でインターンシップを行いながら自分の適性をみているのです。合わないと思ったら専攻を変え、仮決定とお試しを繰り返します。そのため、大学生活の後半で進路を決める割合は20パーセント前後であり、日本がいかに遅いかがわかります。しかしながら、大学卒業後に進路を決めている割合をみると、オーストラリア、カナダに次いで3番目という結果でした。
ーーーーーーーーーーーーーーーーーーーーーーー
問題１９　ドイツはどれですか。
問題２０　カナダはどれですか。

例題1　おはようございます。
1　おはようございます。
2　おやすみなさい。
3　さようなら。

例題2　お仕事は？
　　　　ー会社員です。
1　私も会社員じゃありません。
2　私も会社員です。
3　私も医者です。
最も良いものは、例題1は1、例題2は2です。で
すから、例題1は1、例題2は2を例のようにマー
クします。

問題21　お好きなだけ召し上がれ。
1　では、遠慮なく。
2　はい、結構ですね。
3　はい、着てみます。

問題22　すみません、早退してもいいですか。
1　どこか悪いんですか。
2　何時に来るんですか。
3　いい感じですね。

問題23　ちょっと痩せすぎじゃない？
1　図々しいよ。
2　相手にしなくていいよ。
3　ちゃんと食べてるよ。

問題24　苦情が複数きてるらしいね。
1　いえ、奇数だと思います。
2　はい、何件も…。
3　もう過ぎてしまいました。

問題25　君、このデザインが気に入らないって？
1　あいにく私の意見です。
2　あくまで私の意見ですが。
3　そもそも私の意見ですよ。

問題26　レポートの進み具合はどう？
1　大半は終わりました。
2　透き通っています。
3　弱点を強化します。

問題27　林さん、何を考えてるかわからないです
　　　　ね。
1　彼は席を外していますからね。
2　彼は胸の内を話しませんからね。
3　彼はユーモアがありますからね。

問題28　あなたの強みは何ですか。
1　行動力とコミュニケーション力です。
2　積極性が足りないところです。
3　会社の方針です。

問題29　コストが高すぎますね。
1　ここのところ好調ですね。
2　拡大せざるを得ませんね。
3　削減する必要がありますね。

問題30　作業中に怪我をしてしまいました。
1　すぐに手当てをしましょう。
2　手書きでは駄目ですよ。
3　1つ手前で降りてください。

問題31　彼、会社のパソコンを無断で持ち出した
　　　　んですって。
1　それはまずいですね。
2　すごい！　表彰されるんじゃない？
3　おそらく役立つでしょうね。

問題32　制服がぼろぼろになってきたんですけど。
1　人事部に申請すれば交換できるよ。
2　正当化しないほうがいいよ。
3　取り繕ってもだめだよ。

問題33　お手元に追跡番号はありますか。
1　順を追って説明します。
2　番号は控えてください。
3　今読み上げます。

問題３４　これは大人の鑑賞にもたえる作品ですよ。
1　子供向けですからね。
2　大人向けとは限りませんからね。
3　それなら子供と見に行こうかな。

問題３５　課長、僕、実は課長と同郷でして。
1　急に不信感が募るなあ。
2　急に親近感が湧くなあ。
3　急に焦燥感に駆られるなあ。

問題３６　彼は少し不器用なんだよね。
1　確かにそつなくこなしますね。
2　何でも要領よくやりますね。
3　でも丁寧にやってくれますよ。

問題３７　研修の報告書を提出してください。
　　　　　ー書き方の規定はありますか。
1　できるだけフォーマルなものを選んでください。
2　フェアな見方が必要になりますね。
3　フォーマットがあるので使ってください。

問題３８　どっちの企画がいいと思う？
　　　　　ーうーん、どっちも捨てがたいな。
1　両方ともギャップがあるよね。
2　確かに、甲乙つけがたいよね。
3　そうかなあ。あっちよりはマシだよ。

問題３９　南区の店舗は閉鎖したほうがいいですね。
1　ええ、そろそろ潮時ですね。
2　ええ、まさに書き入れ時ですね。
3　ええ、すでに丑三つ時ですね。

問題４０　製品の売れ行きはどうですか。
　　　　　ーさっぱりですよ。
1　滑り出しは上々ですね。
2　ブームが追い風になりましたね。
3　市場が冷え込んでいますからね。

会話・説明問題
「＊」の部分は録音されていません。

例題
ーーーーーーーーーーーーーーーーーーーー
男：佐藤さん、明日の会議の資料はできましたか。
女：はい、できました。こちらです。
男：じゃ、10部コピーしておいてください。
女：あのう、コピーする前に内容をチェックしていただけないでしょうか。
男：ええ、いいですよ。
女：お願いします。
ーーーーーーーーーーーーーーーーーーーー
女性は男性に何をお願いしましたか。
＊１　資料のコピー
＊２　資料のチェック
＊３　資料の作成
最も良いものは２です。ですから、例のように２をマークします。

1　小学校のプールで、男性が子供達に話しています。この話を聞いてください。

―――――――――――――――――

男：これからの季節、海や川で遊ぶ機会が増えますね。そんな時に怖いのが水の事故です。毎年多くの人が亡くなっています。でも、今から教えるやり方を一度経験すれば、溺れそうになった時に必ず役に立ちます。では早速、服を着たままプールに入ってください。靴もはいたままですよ。…歩けますか。大変でしょう？　無理に体を動かすと体力がなくなってしまいます。溺れないためには水に浮いて助けを待つことが大切です。顔を上に向けて腕を広げてみてください。力を抜いて。ほら、水の上に顔が出て、息ができるでしょう？　あ、静かに！　声を出したら体から空気が抜けて沈んでしまいますよ。

―――――――――――――――――

問題４１　子供達はプールに入ってからまず、何をしてみましたか。
＊１　服を脱いでみた。
＊２　体を動かしてみた。
＊３　浮かんでみた。

問題４２　男性は子供達に何を教えていますか。
＊１　溺れない方法
＊２　服を着たまま泳ぐ方法
＊３　水中から声を出して助けを呼ぶ方法

2　博物館でリポーターと男性が話しています。この会話を聞いてください。

―――――――――――――――――

女：私は今、明治時代の建造物を保存、展示している博物館に来ています。広報を担当されている村山さんです。宜しくお願いします。
男：宜しくお願いします。
女：村山さん、ここにはユニークな自動販売機があると聞いたんですが。
男：はい、こちらです。
女：一見普通のドリンクの自動販売機ですが…。
男：ええ、飲み物は普通に買えますよ。
女：あ、「募金」のボタンがありますね。10円、50円、100円の３種類です。なるほど。お金を入れてボタンを押すと寄付ができるというわけですね。
男：そうなんです。集まったお金は、建造物の保存や修理に使わせていただいております。
女：これなら財布から小銭を出すついでに気軽に寄付ができますね。では、私も。
男：ありがとうございます！

―――――――――――――――――

問題４３　何を展示している博物館ですか。
＊１　昔の自動販売機
＊２　昔の建造物
＊３　昔の小銭

問題４４　女性はこのあと何をしますか。
＊１　飲み物を買う。
＊２　寄付を行う。
＊３　財布を見せる。

3　会社で女性と男性が話しています。この会話を
　聞いてください。
－－－－－－－－－－－－－－－－－－－－
女：９月から始まる「秋の食フェスタ」の販売促進
　　活動について、何か意見がありますか。
男：SNSを活用した販促活動を行うのはどうでしょ
　　うか。
女：SNSですか。具体的にはどんなアイデアですか。
男：例えばSNS上で、公式キャラクターの「ぴっぴく
　　ん」が「秋の食フェスタ」について話す動画を
　　アップするとか…。
女：なるほど。「ぴっぴくん」を使えば親しみを感
　　じてもらえそうですね。他には何かありますか。
男：店内でSNS公式アカウントを開くと、スイーツな
　　どが抽選で当たるキャンペーンを実施するのは
　　どうでしょう。
女：面白いですね。それなら公式アカウントをフォ
　　ローしてくれる人も増えるし、実際に店に足を
　　運ぶ人も増えて一石二鳥ですね。さすが鈴木さ
　　ん、いいアイデアですね。
男：いえ、そんな。
女：では早速、今挙げてくれたアイデアを企画書に
　　まとめて、明日までに提出してください。
男：明日までに？　わ、わかりました…。
－－－－－－－－－－－－－－－－－－－－
問題４５　男性は公式キャラクターについて、どん
　　　　　なアイデアを出しましたか。
＊１　公式キャラクターグッズが当たるキャンペー
　　　ンを行う。
＊２　公式キャラクターが店で客と触れ合う。
＊３　公式キャラクターを使い宣伝動画を作成する。

問題４６　男性はSNS公式アカウントで行うキャン
　　　　　ペーンについて、どんなアイデアを出し
　　　　　ましたか。
＊１　店内で公式アカウントを開くと抽選ができ
　　　る。
＊２　スイーツが割引価格で購入できるクーポンを
　　　発行する。
＊３　会計時に公式アカウントを見せるとポイント
　　　が貯まる。

問題４７　男性はこのあと何をしますか。
＊１　SNS公式アカウントの開設
＊２　宣伝動画の作成
＊３　企画書の作成

4　女性の話を聞いてください。
－－－－－－－－－－－－－－－－－－－－
女：今年から小学校でプログラミング教育が必修化
　　されています。その狙いは、コンピューターの
　　専門技術を身に付けることではなく、目的を達
　　成するためにどんな順序で進めるべきかを考え
　　る力を養成することです。こうした力を育てる
　　ために普段の生活の中でも取り入れられること
　　があります。献立を決め、おいしく食べるため
　　に調理を工夫するのも立派なプログラミングと
　　いえるでしょう。例えば、味噌汁を作るにはま
　　ず出来上がりをイメージし、手順を考えること
　　が大事です。さらに、どうすれば手間が省ける
　　かまでを考えられると、よりプログラミングの
　　思考に近づきます。ですから、高学年ぐらいの
　　お子さんなら何か１品を任せてみるというのも
　　いいと思います。
－－－－－－－－－－－－－－－－－－－－
問題４８　今年から必修化された教育の目的は何だ
　　　　　と言っていますか。
＊１　物事を順番に進めること
＊２　必要な専門技術を身に付けること
＊３　目的を達成するための手順を考えること

問題４９　話の内容と合っているのはどれですか。
＊１　プログラミングの思考は身近なところでも身
　　　に付けられる。
＊２　プログラミングは家で学習したほうが効率が
　　　いい。
＊３　学校でのプログラミング学習は調理実習時に
　　　行われる。

5　男性と女性の会話を聞いてください。

――――――――――――――――――

男：ひと昔前と比較してリュックサックを通勤鞄と
　　して使う人が増えていますね。

女：ええ。ニーズの高まりは2011年の東日本大震災
　　がきっかけですね。両手が空くリュックの便利
　　さに多くの人が気付いたんです。

男：そうですね。私もそのうちの一人です。震災で
　　長時間の徒歩移動を経験したのですが、リュッ
　　クだったら良かったと思いましたね。震災以降
　　は常に飲み物を持ち歩くようになりましたし、
　　重い物を運べるリュックは便利ですね。

女：そうでしたか。最近はスマホの操作がしやすい
　　という理由でもリュック愛用者が増えているん
　　ですよ。

男：ああ、なるほど。売れ筋はどんな商品ですか。

女：13インチから15インチのノートパソコンが入る
　　ものですね。20代から40代の男性を中心に人気
　　です。

男：やはり若い世代なんですね。

女：ええ。今の時代はクールビズも浸透しています
　　し、スーツにリュックでも抵抗がないんでしょ
　　う。しかしながら、50代以上の人はリュックは
　　カジュアルだという印象が強いようです。初対
　　面の人に会う際には使わないほうが無難ですね。
　　特に営業職の方など。

男：マナーがなってないと思われては損ですからね。

女：マナーと言えば電車内でも注意が必要です。

男：混雑時はリュックを前に抱える、ですね。やっ
　　てますよ。

女：ええ。リュックは快適ですが、他人を不快にさ
　　せてはいけませんね。

――――――――――――――――――

問題５０　リュック通勤が増えた最初のきっかけは
　　　　　何だと言っていますか。

＊１　2011年の震災

＊２　スマホの普及

＊３　クールビズの浸透

問題５１　通勤用のリュックはどんな人に人気だと
　　　　　言っていますか。

＊１　50代以上の人

＊２　若い男性

＊３　営業職

問題５２　男性について、会話の内容と合っている
　　　　　のはどれですか。

＊１　スーツにリュックというスタイルに抵抗がある

＊２　電車内ではリュックの持ち方に気をつけている

＊３　ノートパソコンをリュックに入れて持ち歩いて
　　　いる。

6　男性の話を聞いてください。
ーーーーーーーーーーーーーーーーーーーー
男：労働トラブルに関する相談の件数をみると、
　　「一方的に解雇された」というものは徐々に減
　　少し、替わって「辞めさせてもらえない」と
　　いった相談が増えています。数字的には３年前
　　に逆転しています。背景には深刻な人手不足が
　　あり、簡単に人を辞めさせない会社が増えてい
　　るということです。こうした中、本人に代わっ
　　て退職の意思を会社に伝えるサービスが広がっ
　　ています。労働者には当然退職の自由があり、
　　法律上は２週間前に伝えればいいのですが、
　　「ここでやめると成長できない」など、反論し
　　にくい話を持ち出され強く引き留められたり、
　　パワハラなどを受けていて言い出せない人もい
　　ます。そのような人がこのサービスを利用して
　　いるそうです。しかし、こうした代行業者の中
　　には悪質なものもあります。料金だけとって連
　　絡が途絶えたり、あるいは依頼者のメールを会
　　社に転送するだけだったりと、新たなトラブル
　　も報告されており、利用する際には注意が必要
　　です。
ーーーーーーーーーーーーーーーーーーーー
問題５３　労働相談について、話の内容と合ってい
　　　　　るのはどれですか。
＊１　解雇されたことについての相談は減っている。
＊２　相談件数はこの10年で３倍になった。
＊３　人手不足についての相談が増えている。

問題５４　どんな人が退職代行業者に依頼していま
　　　　　すか。
＊１　忙しくて自分で手続きができない人
＊２　パワハラをしていた人
＊３　退職を引き留められている人

問題５５　退職代行業者について、話の内容と合っ
　　　　　ているのはどれですか。
＊１　メールで退職の相談ができる。
＊２　不誠実な業者が存在する。
＊３　利用料が割高である。

これで聴解試験を終わります。

第5回 J.TEST実用日本語検定（A-Cレベル）
正解とスクリプト

■ 読解・記述問題　500点

《 文法語彙問題 》 各5点（200点）				《 読解問題 》 各6点（120点）		《 漢字問題A 》 各4点（60点）	
1) 3	11) 3	21) 3	31) 1	41) 2	51) 3	61) 1	71) 2
2) 3	12) 3	22) 3	32) 3	42) 4	52) 1	62) 4	72) 2
3) 4	13) 1	23) 1	33) 1	43) 1	53) 4	63) 4	73) 3
4) 1	14) 2	24) 1	34) 2	44) 4	54) 3	64) 4	74) 1
5) 2	15) 2	25) 4	35) 4	45) 4	55) 3	65) 1	75) 1
6) 4	16) 3	26) 2	36) 2	46) 1	56) 2	66) 4	
7) 2	17) 1	27) 1	37) 4	47) 4	57) 2	67) 3	
8) 1	18) 2	28) 3	38) 1	48) 2	58) 2	68) 2	
9) 1	19) 3	29) 4	39) 2	49) 3	59) 4	69) 2	
10) 3	20) 4	30) 2	40) 3	50) 4	60) 3	70) 4	

《 漢字問題B 》 各4点（60点）　*漢字問題A＋B＝計120点

76) きたな	80) と	84) しゅくじつ	88) じゃっかん
77) あせ	81) ゆた	85) わき	89) りょうてい
78) ゆびわ	82) すいとう	86) かんせん	90) あっせん
79) ふ	83) かみなり	87) のぞ	

解答例　《 記述問題A 》各6点（30点）　*(A)と（B）が両方正解で6点。部分点はありません。

91)（A）ひい		（B）休んで
92)（A）行く		（B）中止
93)（A）浴びている		（B）お湯
94)（A）立ち		（B）足
95)（A）遅		（B）早

解答例　《 記述問題B 》各6点（30点）　*部分点はありません。　*記述問題A＋B＝計60点

> 96) 仕事を手伝ってくれる
> 97) 食べかけのご飯
> 98) 丁寧に説明したつもり
> 99) 時間はたっぷりある
> 100) 課長がいないとなると

■ 聴解問題　500点

《写真問題》 各5点（50点）	《聴読解問題》 各10点（100点）	《 応答問題 》 各10点（200点）		《 会話・説明問題 》 各10点（150点）	
1) 4	11) 2	21) 3	31) 1	41) 1	51) 1
2) 3	12) 3	22) 1	32) 2	42) 1	52) 3
3) 4	13) 1	23) 3	33) 3	43) 1	53) 2
4) 3	14) 4	24) 1	34) 2	44) 2	54) 3
5) 4	15) 1	25) 1	35) 3	45) 2	55) 2
6) 3	16) 4	26) 2	36) 1	46) 1	
7) 2	17) 2	27) 1	37) 2	47) 2	
8) 1	18) 3	28) 2	38) 1	48) 1	
9) 3	19) 2	29) 1	39) 2	49) 3	
10) 2	20) 3	30) 1	40) 3	50) 3	

第5回 A-Cレベル　聴解スクリプト

写真問題

例題の写真を見てください。
例題1　これは何ですか。
1　コップです。
2　いすです。
3　ノートです。
4　カメラです。

例題2　これで何をしますか。
1　すわります。
2　字を書きます。
3　水を飲みます。
4　写真をとります。
最も良いものは、例題1は1、例題2は3です。で
すから、例題1は1、例題2は3を例のようにマー
クします。

Aの写真を見てください。
問題1　女性はどんな様子ですか。
1　怒鳴っています。
2　にらんでいます。
3　悩んでいます。
4　微笑んでいます。

問題2　正しい説明はどれですか。
1　机につまずいています。
2　あごをなでています。
3　ひじをついています。
4　ひざを抱えています。

Bの写真を見てください。
問題3　男性は何をしていますか。
1　馬を引きずっています。
2　馬を治療しています。
3　馬に印をつけています。
4　馬にまたがっています。

問題4　正しい説明はどれですか。
1　ここは日陰です。
2　急な坂道です。
3　広々としています。
4　散らかっています。

Cの写真を見てください。
問題5　ここはどこですか。
1　砂漠です。
2　国会議事堂です。
3　人工衛星です。
4　工場地帯です。

問題6　正しい説明はどれですか。
1　アンテナが透明です。
2　豪華な遊覧船です。
3　煙突から煙が出ています。
4　石垣が崩壊しています。

Dの写真を見てください。
問題7　これは何ですか。
1　鳥の巣です。
2　鳥の群れです。
3　鳥の模型です。
4　鳥の餌です。

問題8　正しい説明はどれですか。
1　翼を広げて飛んでいます。
2　休暇で羽を伸ばしています。
3　色の好みが分かれています。
4　徹夜で空を観察しています。

Eの写真を見てください。
問題9　上司と一緒に取引先へ行くことを取引先の相
　　　　手に伝えます。こんな時、何と言いますか。
1　本日は田中課長とお見えになります。
2　本日は課長の田中が同行なさいます。
3　本日は課長の田中と参ります。
4　本日は課長の田中さんと伺います。

Fの写真を見てください。
問題10　上司に食事に誘われましたが、都合がつ
　　　　 きません。こんな時、何と言いますか。
1　ありがとうございます。お先に失礼します。
2　また次の機会によろしくお願いいたします。
3　それでは遠慮なく頂戴いたします。
4　あいにくですが、気が合いませんので。

例題を見てください。男性と女性が、会社のロゴの位置について話しています。
例題1　男性はどの位置がいいと言っていますか。
例題2　女性はどの位置がいいと言っていますか。
————————————————
男：名刺のデザインを変えるんだけど、会社のロゴの位置はどこがいいと思う？
女：住所の前がいいんじゃない？
男：うーん、でも、それじゃあ目立たないよ。会社名の前に大きく入れたら、どう？
女：えー、ロゴは控えめに、住所の前にあるほうがいいわよ。
————————————————
例題1　男性はどの位置がいいと言っていますか。
例題2　女性はどの位置がいいと言っていますか。
最も良いものは、例題1は2、例題2は3です。ですから、例題1は2、例題2は3を例のようにマークします。

Gを見てください。
会社の昼休みに女性と男性が話しています。

問題11　男性の昼ご飯はどれですか。
問題12　女性の昼ご飯はどれですか。
————————————————
女：お疲れ。お昼ごはん買ってきたよ。おにぎりとサンドイッチ、どっちがいい？
男：どっちでも。鈴木さんが好きなほう選んで。
女：じゃ、私サンドイッチにする。はい、おにぎりと緑茶どうぞ。
男：あ、僕、コーヒーのほうがいいな。鈴木さん、サンドイッチに緑茶でもいい？
女：うん、いいけど、おにぎりにコーヒーって、合わないんじゃない？　サンドイッチにする？
男：ううん、大丈夫大丈夫。
女：あ、そう…。
————————————————
問題11　男性の昼ご飯はどれですか。
問題12　女性の昼ご飯はどれですか。

Hを見てください。
男性と女性が飲み水に関するアンケート結果について話しています。

問題１３　「ペットボトルの水」はどの項目ですか。
問題１４　男性はどの項目に当てはまりますか。
ーーーーーーーーーーーーーーーーーーー
男：家で水って飲んでる？
女：うん、飲んでるよ。毎朝ペットボトルのお水をコップ１杯ね。何で？
男：家で飲む水が何かっていうアンケート結果があるんだ。見て、これ。男性は「水道水」が約50パーセントで一番多いみたい。
女：へえ。女性は私と同じで「ペットボトルの水」が一番なのね。
男：うん。で、男女共に３番目が「浄水器を通した水」。
女：その下の、「沸騰させた水道水」は手間がかかるのに男性で12パーセント、女性で18パーセントもいるなんて、驚きだわ。ところで田中君は？
男：僕はここ、８パーセントのところだよ。
女：え？　家で水飲まないの？
男：うん。いつもジュース飲んでる。
ーーーーーーーーーーーーーーーーーーー
問題１３　「ペットボトルの水」はどの項目ですか。
問題１４　男性はどの項目に当てはまりますか。

Ｉを見てください。
女性がコンビニの売上高について話しています。

問題１５　売上高は何か月連続で増加していますか。
問題１６　前年度８月に比べ0.7パーセント減少したのは何ですか。
ーーーーーーーーーーーーーーーーーーー
女：日本フランチャイズチェーン協会が20日に発表した８月の全国コンビニエンスストア売上高は、前年度の同じ月に比べ、既存店ベースで1.5パーセント増加し、３か月連続のプラスとなりました。今年は気温が高い日が多く、冷たい飲み物やアイスクリームなど、夏物商材の売れ行きが良かったということです。また、来店客数は、12.3パーセントの増加で、７か月連続のプラスとなりました。しかしながら、来客一人当たりの購入金額を示す客単価は、0.7パーセントの減少で、10か月連続のマイナスとなりました。
ーーーーーーーーーーーーーーーーーーー
問題１５　売上高は何か月連続で増加していますか。
問題１６　前年度８月に比べ0.7パーセント減少したのは何ですか。

Jを見てください。
会社で海外事業部の部長が新しくできる部署について話しています。

問題17　篠田さんは今、どこの部署にいますか。
問題18　川上さんは1月からどこの部署になりますか。
ーーーーーーーーーーーーーーーーーーーーーー
男：つい先ほど、社長からお話があった通り、ヨーロッパへの輸出拡大の促進を目的として、来年1月より海外事業部に海外事業三課を新設することになりました。これまで、一課はアジア、二課はアメリカ、そしてヨーロッパを担当してきましたが、二課係長の篠田君のヨーロッパ営業が実を結び、ヨーロッパの顧客も増えていることは、皆さんも十分認識していることかと思います。よって、篠田君には課長として三課の指揮をとってもらい、二課で篠田君と共にヨーロッパ営業を担当していた小島君にも、三課立ち上げに参加してもらいます。また、営業経理課の川上さんが、10月に育児休業から復帰しますが、3か月間は二課に所属してヨーロッパ事業関連の事務を担当し、1月からは三課の一員となってもらう予定です。課員は3名からのスタートですが、篠田君を中心に、さらにヨーロッパでの顧客を増やしてほしいと思います。
ーーーーーーーーーーーーーーーーーーーーーー
問題17　篠田さんは今、どこの部署にいますか。
問題18　川上さんは1月からどこの部署になりますか。

Kを見てください。
会社で女性と男性が説明会の流れについて打ち合わせをしています。

問題19　女性が最初に考えたのはどれですか。
問題20　最終的にどれになりましたか。
ーーーーーーーーーーーーーーーーーーーーーー
女：課長、来週のシステム導入説明会ですが、流れはこれでよろしいでしょうか。
男：まずは3社の社長紹介と名刺交換か。参加予定者は何人？
女：30名弱です。
男：名刺交換だけで結構時間がかかるな。社長の紹介だけにして、名刺交換は会議の後がいいんじゃないか。
女：はい。わかりました。
男：それから、システムの導入説明に60分ね。
女：はい。詳細に説明しようとするとこのくらいはかかるかと。
男：で、質疑応答は30分？
女：はい。いかがでしょうか。
男：うーん。システムについては事前に資料を送付済みだし、質疑応答に時間を割いたほうが実のある会になると思うな。
女：では時間は配分を逆にしましょうか。
男：ああ、そうしてくれる？
女：わかりました。
ーーーーーーーーーーーーーーーーーーーーーー
問題19　女性が最初に考えたのはどれですか。
問題20　最終的にどれになりましたか。

例題1　おはようございます。
1　おはようございます。
2　おやすみなさい。
3　さようなら。

例題2　お仕事は?
　　　　－会社員です。
1　私も会社員じゃありません。
2　私も会社員です。
3　私も医者です。
最も良いものは、例題1は1、例題2は2です。で
すから、例題1は1、例題2は2を例のようにマー
クします。

問題21　もう二度としないでください。
1　満足しています。
2　中身がありません。
3　反省しています。

問題22　このレストラン、値段の割においしくな
　　　　いね。
1　他の店にすればよかったね。
2　高いからおいしいんだよ。
3　安いのに残念だね。

問題23　酔っぱらっちゃった。
1　まだ払ってないよ。
2　お腹空いたね。
3　飲みすぎだよ。

問題24　今の話、秘密にしてね。
1　わかった。内緒ね。
2　わかった。割引ね。
3　わかった。不器用ね。

問題25　あっ、お金下ろさなくちゃ。
1　じゃ、銀行に寄ろう。
2　どこで降りようか。
3　もう渡したよ。

問題26　渡辺さん途中で仕事、投げ出したよ。
1　優秀ですからね。
2　責任感がないんですね。
3　愛想がいいんですね。

問題27　それ、何でできているんですか。
1　プラスチックです。
2　ベテランです。
3　プライベートです。

問題28　友達が私の車を貸してって言うんだよ
　　　　ね。
1　へえ。頼もしいね。
2　へえ。図々しいね。
3　へえ。目覚ましいね。

問題29　この件について何か知っていますか。
　　　　－私は一切タッチしていません。
1　何も知らないんですね。
2　じゃ、詳しく教えてください。
3　触らなかったんですか。

問題30　新しい会社は待遇がいいんだよね。
　　　　－手取りでどれくらい?
1　30万。
2　週休二日。
3　9時5時。

問題31　パソコンが壊れたみたい。
　　　　－修理に出したらいいじゃない。
1　保証書がないんだ。
2　付録を失くしたんだ。
3　まだ利子がついていないんだ。

問題32　社長ってどんな人なの?
1　大分すかすかだよ。
2　結構ねちねちしてる。
3　やきもきしてるんだ。

問題33　企画は順調ですか。
1　今、シュレッダー中です。
2　はい、領収書を持っています。
3　いえ、見通しが立ちません。

問題３４　課長って本当に謙虚だよね。
1　うん。手が込んでるね。
2　うん。腰が低いよね。
3　うん。気が遠くなるね。

問題３５　あの会社、教育事業から手を引くんだって？
1　うん。業績を上げているんだって。
2　うん。教育の分野に新規参入するらしいよ。
3　うん。ずっと赤字だったみたい。

問題３６　こちらは従業員専用の入口となっております。
1　一般の人はどこからですか。
2　有料ですか。
3　もう閉店ですか。

問題３７　当社のウェブサイトはご覧いただけましたか。
1　ええ、コンセンサスが必要ですね。
2　ええ、コンテンツが豊富ですね。
3　ええ、コンタクトを取りました。

問題３８　この仕事、私達だけでやるんですね。
1　ええ。心細いですね。
2　ええ。こうばしいですね。
3　ええ。そっけないですね。

問題３９　部長なんて、荷が重いよ。
1　だめ。この荷物は欠かせないんだ。
2　そう？　まんざらでもなさそうだけど。
3　そうね。部長ならまだしもね。

問題４０　彼と連絡取れましたか。
1　いいえ、暴飲暴食してますから。
2　いいえ、本末転倒でした。
3　いいえ、音信不通なんです。

例題
——————————————————————
男：佐藤さん、明日の会議の資料はできましたか。
女：はい、できました。こちらです。
男：じゃ、10部コピーしておいてください。
女：あのう、コピーする前に内容をチェックしていただけないでしょうか。
男：ええ、いいですよ。
女：お願いします。
——————————————————————
女性は男性に何をお願いしましたか。
＊１　資料のコピー
＊２　資料のチェック
＊３　資料の作成
最も良いものは２です。ですから、例のように２をマークします。

1　電話で女性と男性がセミナーの資料について話しています。この会話を聞いてください。

————————————————

女：あのう、来週のセミナーに申し込んだんですが、送られてきた資料にチケットが入ってなかったんです。地図やパンフレットはあったんですが…。
男：大変申し訳ございません。すぐにメールに添付してお送りします。
女：え、ってことは、印刷しなければなりませんか。
男：あ、いえ、受付でスマホの画面をお見せください。
女：わかりました。

————————————————

問題４１　女性は何が入っていなかったと言っていますか。
＊１　チケット
＊２　パンフレット
＊３　地図

問題４２　女性は受付で何をしますか。
＊１　スマートフォンの画面を見せる。
＊２　チケットを受け取る。
＊３　届いた資料を渡す。

2　女性がヘッドホン難聴について話しています。この話を聞いてください。

————————————————

女：皆さん、ヘッドホン難聴という言葉を聞いたことがありますか。ヘッドホンやイヤホンを使って大きな音で音楽を長時間聞き続けることによって、徐々に耳が聞こえなくなるという病気です。ヘッドホンやイヤホンは周りに聞こえないように、耳につけて自分だけで音楽を楽しむのにはとても便利ですが、電車の中や街中など、周りがうるさい場所ではどうしてもボリュームを大きくしがちです。そうすると耳の中の細胞に負担がかかり壊れてしまい、気づかないうちに難聴となってしまうのです。一度壊れた細胞は元には戻りません。ヘッドホンやイヤホンを使って音楽を聞く時は、音を大きくしすぎないこと、時折耳を休ませることが大切です。気をつけましょう。

————————————————

問題４３　女性は、ヘッドホンは何が便利だと言っていますか。
＊１　周りに聞こえないように音楽を楽しめること
＊２　周りの音が聞こえなくなること
＊３　移動中に長時間音楽を聴けること

問題４４　女性はどのようにヘッドホンを使うべきだと言っていますか。
＊１　静かな場所でヘッドホンを使う。
＊２　大きな音にしすぎないように使う。
＊３　周りの騒がしさに合わせて音量を変える。

3　スーパーで店員と店長が注文したケーキについて話しています。この会話を聞いてください。

───────────────────────────

女：店長。昨日、注文したケーキなんですが、10個のところを間違えて100個注文していました。今朝届いたのですが、置く場所もなくて…。申し訳ございません。
男：え？　100個!?　困ったなあ。返品はできないし、賞味期限も短いし。
女：申し訳ございません。
男：仕方ない…。値段を下げて売ろうか。
女：あのう、SNSで呼びかけるのはどうでしょうか。
男：ああ、いいね。
女：金額はいくらにしましょうか。
男：うーん、100個もあるから、やっぱり値下げじゃなくて、2個買ったら1個プレゼントすることにしよう。その内容でSNSに載せてくれる？
女：はい、わかりました。

───────────────────────────

問題４５　女性は何を間違えましたか。
＊１　ケーキの届け先
＊２　ケーキの注文数
＊３　ケーキの到着日

問題４６　2人はケーキをどうすることにしましたか。
＊１　2個買った人に1個プレゼントする。
＊２　インターネットで販売する。
＊３　値段を下げて販売する。

4　ニュースで男性が図書館の改築について話しています。この話を聞いてください。

───────────────────────────

男：我が社の図書館の改築についてのプランは、現在の場所から移転して小学校と同じ敷地内に設置するというご提案です。そうすることで、児童と地域住民との間にコミュニケーションが生まれ、安全な町づくりが推進されることが期待できます。例えば、小学校のイベントに地域住民も参加できるようにすれば、より交流が深まり子供からお年寄りまで笑顔で挨拶を交わす明るく防犯面でも安心できる町となるのではないでしょうか。また、施設を1か所に集めることで、財政面でのメリットもあります。それでは、具体的な説明に入らせていただきます。

───────────────────────────

問題４７　男性が提案しているプランはどれですか。
＊１　小学生からアイデアを集め図書館を建てる。
＊２　小学校の施設内に図書館を建てる。
＊３　地域住民が中心となって図書館を建てる。

問題４８　男性は提案しているプランによって町はどうなると言っていますか。
＊１　安全な地域社会になる。
＊２　若い住民が増える。
＊３　住民の収入が安定する。

5　男性がある会社の社員にインタビューしています。この会話を聞いてください。

――――――――――――――――――――――

男：スーパー電機、アウトレット家電担当の加藤さんにお話を伺います。

女：宜しくお願いします。

男：アウトレット家電とは具体的にはどのような家電を指すのでしょうか。

女：店頭展示品やメーカーの型落ち品、開封品などです。

男：なるほど。衣料品や家具のアウトレットと同じですね。

女：ええ。平均すると、通常価格の2割から3割程度安くなっています。最新モデルでも店頭品や開封品だと、例えば18万円の洗濯乾燥機が14万円程度になります。旧モデルの型落ち品ですと、例えば、一昨年発売の32型テレビは7万円だったのが5万2千円で販売しています。

男：かなりお安くなっていますね。それで利益は出るのでしょうか。

女：ええ。各店舗の倉庫にある在庫品をまとめて販売していますから、在庫が減って管理コストが下がるんです。

男：お店にもお客にも嬉しい仕組みなんですね。

――――――――――――――――――――――

問題49　女性の会社は何の会社ですか。

＊1　リサイクルショップ

＊2　家電メーカー

＊3　家電量販店

問題50　女性は会社にとってのメリットは何だと言っていますか。

＊1　メーカーから格安で仕入れできること

＊2　広告費用がかからないこと

＊3　在庫管理コストが削減できること

6　男性の話を聞いてください。

――――――――――――――――――――――

男：運転中に交通事故が起きた際の注意点についてお話しします。事故で怪我人が出た場合は、その場でできる範囲の救護措置を行ってください。怪我の状態によっては119番に通報して救急隊を呼んでください。また、事故の際はその場で警察に届け出ないと事実関係があいまいになり、後でトラブルになることが多々あります。たとえ相手が嫌がったり、自分に不利だと思ったりしても、届け出を怠ってはいけません。それから、事故車両の移動についてですが、原則として、警察が来るまでは動かさないほうがいいでしょう。ただし、事故車両が道路をふさいでいて、他の車両が通れないような場合は違います。事故の当事者同士でぶつかった場所や角度などを確認し、事故車両を道路の端へ寄せてください。最後に、もし保険に入っているなら保険会社に連絡して事故の状況を説明します。その後は、保険会社と相談して処理を進めてください。

――――――――――――――――――――――

問題51　男性が必ず行わなければならないと言っているのはどれですか。

＊1　警察への連絡

＊2　119番通報

＊3　保険会社への連絡

問題52　男性は、事故車両はどうするべきだと言っていますか。

＊1　保険会社の指示に従う。

＊2　当事者同士の話し合いで決めればいい。

＊3　基本的に移動させないほうがいい。

7　雑誌記者がある会社の社員にインタビューしています。この会話を聞いてください。

――――――――――――――――――――――

男：週刊ジャーナルの山本と申します。本日は取材
　　にご協力下さり、ありがとうございます。

女：いいえ。宜しくお願いします。

男：早速ですが、木村さんは24歳の若さでこのよう
　　な有名企業の管理職に就かれましたが、入社し
　　て、まだそんなに経っていないそうですね。

女：ええ、ちょうど1年です。

男：御社の人事部が木村さんをいきなり管理職に登
　　用したのは、入社時からそのような取り決めが
　　あったからでしょうか。

女：いえ、そうではなく、入社後の「管理職募集」
　　の案内を見て立候補したんです。応募資格は
　　「やる気があること」だけで、在職年数に規定
　　がなかったので。

男：自信があったんですね。

女：いえ、面白そうだからやってみたい。ただそれ
　　だけでした。

男：決断力ありますね。しかし、人事部も斬新です
　　ね。御社が業界で飛ぶ鳥を落とす勢いなのは、
　　人事にも要因があるようですね。

女：そうだと思います。

――――――――――――――――――――――

問題53　女性について、会話の内容と合っている
　　　　　のはどれですか。

＊1　管理職を条件に入社した。
＊2　チャレンジ精神が旺盛である。
＊3　人事部に配属されたいと思っていた。

問題54　男性は会社の人事部についてどう思って
　　　　　いますか。

＊1　若手が多い。
＊2　人材不足である。
＊3　発想が新しい。

問題55　今、女性の会社はどんな状況ですか。

＊1　経営危機に陥っている。
＊2　絶好調である。
＊3　人員削減中である。

これで聴解試験を終わります。

第6回　J.TEST実用日本語検定（A-Cレベル）
正解とスクリプト

■　読解・記述問題　500点

《 文法語彙問題 》 各5点（200点）				《 読解問題 》 各6点（120点）		《 漢字問題A 》 各4点（60点）	
1) 2	11) 2	21) 3	31) 1	41) 2	51) 2	61) 2	71) 1
2) 4	12) 4	22) 4	32) 2	42) 3	52) 4	62) 4	72) 4
3) 1	13) 1	23) 1	33) 3	43) 2	53) 2	63) 2	73) 2
4) 3	14) 1	24) 2	34) 1	44) 1	54) 2	64) 1	74) 2
5) 3	15) 4	25) 3	35) 3	45) 2	55) 3	65) 1	75) 4
6) 1	16) 3	26) 2	36) 2	46) 4	56) 3	66) 3	
7) 3	17) 4	27) 4	37) 2	47) 2	57) 2	67) 4	
8) 2	18) 2	28) 2	38) 2	48) 4	58) 2	68) 1	
9) 4	19) 1	29) 1	39) 4	49) 4	59) 4	69) 3	
10) 4	20) 2	30) 4	40) 1	50) 4	60) 1	70) 4	

《 漢字問題B 》 各4点（60点）　　＊漢字問題A＋B＝計120点

76) とかい	80) ひたい	84) てんめつ	88) あいま
77) か	81) こむぎ	85) みずか	89) ずいひつ
78) ぬ	82) あらた	86) ばんそう	90) つや（つうや）
79) たた	83) はぐるま	87) あなど	

解答例　《 記述問題A 》 各6点（30点）　　＊（A）と（B）が両方正解で6点。部分点はありません。

91) （A）良くて　　　　　　　　　　　　　（B）嫌
92) （A）けれ　　　　　　　　　　　　　　（B）ほど
93) （A）具合　　　　　　　　　　　　　　（B）せ
94) （A）車　　　　　　　　　　　　　　　（B）しなかった
95) （A）休む　　　　　　　　　　　　　　（B）ない

解答例　《 記述問題B 》 各6点（30点）　　＊部分点はありません。　　＊記述問題A＋B＝計60点

> 96) 家に財布を忘れて
> 97) 面接の時間に間に合わない
> 98) 言わないから助け
> 99) 約束を守った試し
> 100) 頼んでも食べられっこない

■　聴解問題　500点

《写真問題》 各5点（50点）	《聴読解問題》 各10点（100点）	《 応答問題 》 各10点（200点）		《 会話・説明問題 》 各10点（150点）	
1) 1	11) 3	21) 1	31) 3	41) 3	51) 1
2) 1	12) 1	22) 2	32) 3	42) 2	52) 2
3) 3	13) 1	23) 1	33) 1	43) 1	53) 2
4) 2	14) 4	24) 1	34) 3	44) 2	54) 1
5) 4	15) 2	25) 3	35) 3	45) 3	55) 3
6) 3	16) 4	26) 2	36) 2	46) 3	
7) 1	17) 1	27) 2	37) 2	47) 2	
8) 2	18) 4	28) 3	38) 1	48) 1	
9) 3	19) 3	29) 1	39) 3	49) 3	
10) 4	20) 2	30) 3	40) 2	50) 1	

第6回 A-Cレベル　聴解スクリプト

写真問題

例題の写真を見てください。
例題1　これは何ですか。
1　コップです。
2　いすです。
3　ノートです。
4　カメラです。

例題2　これで何をしますか。
1　すわります。
2　字を書きます。
3　水を飲みます。
4　写真をとります。
最も良いものは、例題1は1、例題2は3です。ですから、例題1は1、例題2は3を例のようにマークします。

Aの写真を見てください。
問題1　ここはどこですか。
1　寝室です。
2　田んぼです。
3　塾です。
4　広場です。

問題2　男性は何をしていますか。
1　掃除機をかけています。
2　ほうきを見ています。
3　扇風機にあたっています。
4　床を拭いています。

Bの写真を見てください。
問題3　これは何ですか。
1　プリンターです。
2　キーホルダーです。
3　マウスです。
4　モニターです。

問題4　これで何をしますか。
1　パソコンを分解します。
2　パソコンを操作します。
3　画面を保護します。
4　画面を暗記します。

Cの写真を見てください。
問題5　どんな様子ですか。
1　ひっそりしています。
2　ピリピリしています。
3　静まり返っています。
4　盛り上がっています。

問題6　正しい説明はどれですか。
1　視界が遮られています。
2　日が射しています。
3　照明がついています。
4　客席が解体されています。

Dの写真を見てください。
問題7　何をしていますか。
1　耳をふさいでいます。
2　指ではじいています。
3　目を見開いています。
4　鼻を垂らしています。

問題8　正しい説明はどれですか。
1　ネクタイがほどけています。
2　髪の毛がもじゃもじゃです。
3　腕まくりをしています。
4　シャツがはだけています。

Eの写真を見てください。
問題9　電話の相手に電話番号を聞きます。こんな時、何と言いますか。
1　お電話番号を申し上げてもよろしいでしょうか。
2　お電話番号はご覧いただけましたでしょうか。
3　お電話番号をお伺いしてもよろしいでしょうか。
4　お電話番号をご承知いただけませんでしょうか。

Fの写真を見てください。
問題10　別れ際に、自分の会社に来るよう誘います。こんな時、何と言いますか。
1　暇なら弊社へ来たらいかがでしょうか。
2　折を見て弊社へご足労すべきと存じます。
3　いずれ弊社へ訪問すればいいでしょう。
4　機会がありましたら弊社にもお越しください。

例題を見てください。男性と女性が、会社のロゴの位置について話しています。
例題1　男性はどの位置がいいと言っていますか。
例題2　女性はどの位置がいいと言っていますか。
ーーーーーーーーーーーーーーーーーーーーー
男：名刺のデザインを変えるんだけど、会社のロゴの位置はどこがいいと思う？

女：住所の前がいいんじゃない？

男：うーん、でも、それじゃあ目立たないよ。会社名の前に大きく入れたら、どう？

女：えー、ロゴは控えめに、住所の前にあるほうがいいわよ。
ーーーーーーーーーーーーーーーーーーーーー
例題1　男性はどの位置がいいと言っていますか。
例題2　女性はどの位置がいいと言っていますか。
最も良いものは、例題1は2、例題2は3です。ですから、例題1は2、例題2は3を例のようにマークします。

Gを見てください。
女性がスポーツ用品店で店員と話しています。

問題11　店員は最初どれがいいと言いましたか。
問題12　女性はどれを買いますか。
ーーーーーーーーーーーーーーーーーーーーー
女：あのう、ダイエットにはどれがいいですか。

男：こちらがおすすめです。

女：あー、走るのは苦手なんです。それにうるさそうだし。この自転車タイプは静かですか。

男：音は少ししますね。

女：じゃ、やめておきます。あ、こっちの鉄棒みたいなのもダイエットになるんですか。

男：ええ、ぶら下がることでお腹に力が入りますから。

女：へえ、そうなんですか。でも結構大きいですね。

男：ではバランスボールはいかがですか。上に座るだけじゃなく、様々な使い方ができますよ。

女：あ、いいですね。これにします。
ーーーーーーーーーーーーーーーーーーーーー
問題11　店員は最初どれがいいと言いましたか。
問題12　女性はどれを買いますか。

Hを見てください。
会社で女性と男性が話しています。

問題１３　男性は何か月研修しましたか。
問題１４　男性が困っていることは何ですか。
ーーーーーーーーーーーーーーーーーーー
女：鈴木君、新入社員研修が終わって２か月経つわね。
　　仕事にはもう慣れた？
男：はい、おかげさまでだいぶ慣れました。でも、ま
　　だ社会人としてのマナーが身についてなくて…。
女：ビジネスマナーってこと？　名刺交換とか？
男：いいえ、名刺交換は１か月間の新入社員研修で何
　　度も練習したので。
女：じゃ、敬語？
男：いえ、それは先輩が毎日注意してくれるので。
女：じゃあ、何？
男：実は、部長によく飲みに連れて行ってもらうんで
　　すが…。
女：ああ、断れないってことね。
男：いや、そうじゃなくて、部長とどんな会話をした
　　らいいかわからないんですよ。
女：それなら、話を聞いているだけでいいのよ。
ーーーーーーーーーーーーーーーーーーー
問題１３　男性は何か月研修しましたか。
問題１４　男性が困っていることは何ですか。

Ｉを見てください。
男性が企画書を見ながら話しています。

問題１５　前回から変更した項目はどれですか。
問題１６　これから男性が検討したいと考えている
　　　　　項目はどれですか。
ーーーーーーーーーーーーーーーーーーー
男：本日は、毎年11月１日から30日に行っている
　　「ラブチョコ」の販売促進イベントについて皆
　　さんにご検討いただきたく、企画書をお配りし
　　ました。ご存じのように「ラブチョコ」のター
　　ゲットは10代後半から20代前半の若い男女です。
　　例年まではこうした若者がターゲットの商品イ
　　ベントは、学校帰りの学生に合わせ16時半から
　　行っていました。しかし、小鳥が丘駅前は飲食
　　店が多く、若い会社員がランチタイム前後によ
　　く通りますので、今年は午前11時半から開始す
　　ることにいたしました。またイベント内容です
　　が、現時点では例年通り試食とPRグッズ、チラ
　　シ等の配布を検討していますが、今年は新しい
　　試みができたらと考えております。皆さんの知
　　恵をお貸しいただけますでしょうか。
ーーーーーーーーーーーーーーーーーーー
問題１５　前回から変更した項目はどれですか。
問題１６　これから男性が検討したいと考えている
　　　　　項目はどれですか。

Jを見てください。
中学生の息子の進路について、母親と父親が話しています。

問題１７　父親はどこがいいと言っていますか。
問題１８　母親はどこがいいと言っていますか。
ーーーーーーーーーーーーーーーーーーーーーーーー
女：たかし、大学には行くつもりがないから、商業
　　高校か工業高校に行きたいらしいの。
男：市内だとこの２つか。どっちにも同じ科がある
　　んだね。
女：商業の情報科は表計算とかホームページ作成ソ
　　フトの使い方を勉強するんだって。工業高校で
　　はプログラミングをやるみたい。国際科も勉強
　　する英語の中身が違ってて、商業のほうは会話
　　中心で、ホテルの接客英語なんかも習うんだっ
　　て。
男：ここらは観光が盛んだから役に立つだろうね。
女：ええ。で、工業の国際科は会話中心じゃなくて、
　　大学入試の英語もやるのよ。
男：僕はパソコン苦手だから、たかしには使えるよ
　　うになってほしいな。表計算ができたりホーム
　　ページが作れたりしたら有利だよ。ここがいい
　　かな。
女：私はできたら大学に行ってほしいのよね。高校
　　に入ってから大学に行きたくなることもあるで
　　しょう。そういうレベルの英語をやってほしい
　　な。
ーーーーーーーーーーーーーーーーーーーーーーーー
問題１７　父親はどこがいいと言っていますか。
問題１８　母親はどこがいいと言っていますか。

Kを見てください。
女性が県内の企業の業績について話しています。

問題１９　運輸業を表しているのはどれですか。
問題２０　今後どの業種が厳しくなると言っていま
　　　　　すか。
ーーーーーーーーーーーーーーーーーーーーーーーー
女：県の中小企業課がコロナウイルス関連の影響に
　　ついて発表しています。製造業、運輸業、建設
　　業、小売り業からそれぞれ100社を任意に選び
　　アンケートを実施したところ、このような結果
　　となりました。業種別に見てみると、マイナス
　　の影響があったという回答が最も多かったのが、
　　製造業、次いで小売り業となりました。一方、
　　運輸業、建設業については、それぞれ、通信販
　　売の活発化、自粛中の小さなリフォームブーム
　　という追い風があり、特に運輸業は自粛生活の
　　影響で需要が大幅に増加する結果となりました。
　　今後の動向ですが、小売店における在庫のだぶ
　　つきは全国的なもので、とくに自動車の販売店
　　はかなりの供給過多になっています。県内の製
　　造業は、自動車部品の扱いが多く、今後のさら
　　なる影響拡大は必至でしょう。
ーーーーーーーーーーーーーーーーーーーーーーーー
問題１９　運輸業を表しているのはどれですか。
問題２０　今後どの業種が厳しくなると言っていま
　　　　　すか。

例題1　おはようございます。
1　おはようございます。
2　おやすみなさい。
3　さようなら。

例題2　お仕事は?
　　　　ー会社員です。
1　私も会社員じゃありません。
2　私も会社員です。
3　私も医者です。
最も良いものは、例題1は1、例題2は2です。ですから、例題1は1、例題2は2を例のようにマークします。

問題21　あの店、いつもお客さんが多いですね。
1　サービスがいいんですよ。
2　キャッシュカードが要らないんですよ。
3　サイズは合ってるんです。

問題22　これでちゃんとやったつもりですか。
1　ありがとうございます。
2　申し訳ありません。
3　やるつもりです。

問題23　ボーナス、何に使う?
1　うーん、使い道を考えなきゃな。
2　え?　使い方はわかる?
3　大丈夫。助けてもらうよ。

問題24　毎日数人ここでつまずいてますよ。
1　ちょっと段差がありますね。
2　旦那さんも一緒ですか。
3　私はおいしいと思いますよ。

問題25　お元気で何よりです。
1　おかまいなく。
2　お気の毒に。
3　おかげさまで。

問題26　山田さん、また遅刻してたね。
1　遅れたにもかかわらずね。
2　新入社員のくせにね。
3　そんなシーズンだね。

問題27　彼、この業界に知り合いが大勢いるんだって。
1　へえ、目が届くのね。
2　へえ、顔が広いのね。
3　へえ、口が軽いのね。

問題28　あの人、近寄りがたい雰囲気だね。
1　いい音楽だね。
2　部屋が広いもんね。
3　怖そうだよね。

問題29　ちょっと待って!　その恰好で出かけるの?
　　　　ーうん、だめ?
1　みっともないわよ。
2　こぼれてるわ。
3　油断しないで。

問題30　彼とはただの友達よ。
　　　　ー本当?　怪しいな。
1　人違いでしょう。
2　色違いだったのよ。
3　勘違いしないでよ。

問題31　さっき、部長に口答えしたんだって?
　　　　ーはい。つい言ってしまいました。
1　はきはき答えるべきだろうね。
2　ぼやぼやしちゃいけないよ。
3　ほどほどにしておいたほうがいいよ。

問題32　先月のイベントの費用ってわかる?
1　今、説得中。
2　雇用は改善してるよ。
3　まだ集計が終わってないんだ。

問題33　水谷商事との契約は更新しますか。
1　ええ、続けましょう。
2　ええ、やめましょう。
3　ええ、始めましょう。

問題34　この写真、ちょっとぶれていますね。
1　最新のレンズを使ったので。
2　破いてしまったんです。
3　撮り直します。

問題３５　もうへとへとですよ。
1　そんなに強がらなくてもいいよ。
2　じゃあ、そこに割り込んだら？
3　きりのいいところで、休んでね。

問題３６　この価格、もう少し何とかなりません
　　　　　か。
1　散々ハンデをつけましたよ。
2　これ以上は難しいですね。
3　キャンペーンを打ちましょう。

問題３７　明日はいよいよ商談だな。
1　動揺せずに済みました。
2　自信がないのでご同行願えますか。
3　部長のお手柄です。

問題３８　あ、もうこんな時間！
1　ちょっと手間取りましたね。
2　思ったより手っ取り早くできましたね。
3　意外とすんなりいきましたね。

問題３９　なかなか固定客が付かないんです。
1　早合点はよくないよ。
2　先輩に助言もらってよかったな。
3　積極的に営業してみたら？

問題４０　三つ子の魂百までって言うだろう？
1　ええ、3人共本当にそっくりですね。
2　ええ、頑固な性格は変わりませんね。
3　え？　そんなに長生きするんですか。

例題
――――――――――――――――――――――
男：佐藤さん、明日の会議の資料はできましたか。
女：はい、できました。こちらです。
男：じゃ、10部コピーしておいてください。
女：あのう、コピーする前に内容をチェックしてい
　　ただけないでしょうか。
男：ええ、いいですよ。
女：お願いします。
――――――――――――――――――――――

女性は男性に何をお願いしましたか。
＊1　資料のコピー
＊2　資料のチェック
＊3　資料の作成
最も良いものは2です。ですから、例のように2を
マークします。

1　人材センターの女性がスタッフを募集しています。この話を聞いてください。

━━━━━━━━━━━━━━━━━━━

女：今、人材センターでは元気なお年寄りを大募集しています。色々な種類のお仕事がありますので、経験や特技に合わせて働くことができます。もちろん家事が得意な主婦の方も大歓迎です。ボランティアではありませんので、お金にもなりますよ。ご興味のある方は人材センターまでお電話ください。皆さんのご応募をお待ちしています。

━━━━━━━━━━━━━━━━━━━

問題４１　どんな人を募集していますか。
＊１　体力に自信がある若い人
＊２　ボランティアに興味がある人
＊３　何か得意なことがあるお年寄り

問題４２　働きたい人はまずどうしますか。
＊１　書類を送る。
＊２　電話で連絡する。
＊３　人材センターへ行く。

2　家で夫と妻が話しています。この会話を聞いてください。

━━━━━━━━━━━━━━━━━━━

男：悪いけど今日、銀行に行ってくれない？
女：うん。いいけど。なんで？
男：お金を下ろしてきてほしいんだ。来週、鈴木君の結婚式でさ、お祝いにきれいなお札がいるから。
女：式には呼ばれてないんでしょ？
男：うん。式は家族と親戚だけでやるそうだから。でも、まあ、気持ちだけ渡しておかないとね。
女：そうね。あ、そういえば、自動車税も払わなきゃ。
男：そうだった！　今日までだったかな？
女：ついでに銀行で振り込んでおくわよ。
男：いや、インターネットからクレジットカード払いができるはず。後でやっておくよ。
女：じゃ、振り込みはしなくてよくて…。
男：そう。さっき頼んだのだけよろしく。

━━━━━━━━━━━━━━━━━━━

問題４３　男性はどうしてお金が必要ですか。
＊１　知り合いにお祝いをわたすから
＊２　税金を払うから
＊３　車を買うから

問題４４　女性はこの後、何をしますか。
＊１　結婚式の案内をさがす。
＊２　銀行へ行ってお金を下ろす。
＊３　クレジットカードで支払いをする。

3　仕事の休憩時間に男性と女性が話しています。この会話を聞いてください。

――――――――――――――――――――

男：中野さんって確か千葉県のご出身でしたよね。

女：ええ、そうですけど。

男：先週千葉県にすごい台風が来たじゃないですか。ご実家は大丈夫だったんですか。

女：幸い実家は無事で、停電も断水もしなかったんです。

男：そうですか、よかったですね。ひどい被害を受けた地域もあるそうですね。

女：ええ。友達の家はもう１週間も停電しているそうです。

男：１週間も？　この暑いのにエアコンも使えないんですか。大変だなあ。

女：そうなんです。冷蔵庫も使えなくて、食べ物も全部この暑さでダメになったって。缶詰とかレトルト食品とかを多めに備えておいたほうがいいよって言われました。

男：そうか。いつどこが被害に遭うかわからないから日頃から準備しておかないといけませんね。早速今日、帰りに買って帰ろう。

――――――――――――――――――――

問題４５　台風による被害を受けた人は誰ですか。

＊１　女性
＊２　女性の家族
＊３　女性の友達

問題４６　男性について、会話の内容と合っているのはどれですか。

＊１　千葉県出身である。
＊２　エアコンを使わずに生活している。
＊３　非常食を買いに行くつもりだ。

4　テレビで女性レポーターが取り壊しとなる駅について話しています。この話を聞いてください。

――――――――――――――――――――

女：私は今、来月で取り壊される駅に来ております。こちらは30年前、夏限定の駅として開設されました。周囲に素晴らしいビーチの景色が広がるこの駅は、近隣の旅館の要望と協力により開設が実現し、一時期は潮干狩り客のため、春にも使われていました。鉄道会社によりますと、開設当初の利用客は年間1600人程度でしたが、10年後には半減、３年前は100人に届かないまで減少していました。この２年は駅としては利用せず、地元の海産物を販売する市場として営業していたということです。

――――――――――――――――――――

問題４７　この駅が作られた理由は何ですか。

＊１　地元の住民の通勤通学のため
＊２　観光業者からの要請のため
＊３　海産物の輸送のため

問題４８　年間利用客について、話の内容と合っているのはどれですか。

＊１　営業開始から10年で半分になった。
＊２　営業開始から３年で100人を割った。
＊３　営業開始から２年間は利用客がいなかった。

5　女性オペレーターと男性が電話で話していま
　　す。この会話を聞いてください。
————————————————————
女：スマイルテレビショッピングでございます。
男：あのう、電子辞書を買ったんですが、スイッチが
　　入らないんですよ。
女：電池は正しく入れていただいておりますでしょう
　　か。
男：えっ、電池？　最初から入ってるんじゃなくて？
女：はい、電池はお入れしてお届けしてませんので…。
男：ちょっと待ってください…。あれ、届いた箱には
　　入ってないですよ。
女：はい、あのう、電池はお客様ご自身でご用意いた
　　だくことになっております。
男：ええっ、そうなの？　そんなことテレビで言って
　　なかったと思うんですが。
女：単四サイズの電池を２つご用意くださいとのご案
　　内は、放送中に申し上げておりますが…。
男：ええっ？　単四？　家に単三サイズしかないよ。
　　買いに行かないと。
女：申し訳ございません。
男：うーん、わかりました。どうもありがとう。
————————————————————
問題４９　男性はこの後まず何をしますか。
＊１　電池が届くのを待つ。
＊２　電池を電子辞書に入れる。
＊３　電池を購入する。

問題５０　テレビで放送していたことは何ですか。
＊１　電池を自分で用意すること
＊２　電子辞書のサイズ
＊３　電子辞書への電池の入れ方

6　女性と男性が新製品について話しています。この
　　会話を聞いてください。
————————————————————
女：高橋さん、新製品の売り上げが伸び悩んでいます
　　ね。問題点は？
男：はい。代理店の新製品に対する認識が十分でない
　　ように感じます。
女：代理店自体が新製品のメリットをわかっていな
　　いってことね。
男：はい。それからもう一点。当初作成した新製品案
　　内のパンフレットの内容に問題があるのではない
　　かと。
女：ああ、商品開発部が作ったあれ。
男：ええ。新製品の特徴やメリットの説明がよくない
　　と思うんです。あれでは代理店も顧客にプッシュ
　　できないのも無理はないです。
女：なるほど。では分担しましょう。高橋さんが代理店
　　の担当者を連れて、直接顧客のところへ行って販促
　　のサポートをしてください。同時進行で、開発部に
　　は私がパンフレットの作り直しを依頼します。
男：はい、わかりました。
————————————————————
問題５１　二人の会話の目的は何ですか。
＊１　新製品の販売促進
＊２　新製品のパンフレット作成
＊３　新製品の顧客への説明

問題５２　男性はこの後まず何をしますか。
＊１　パンフレットの作り直しを依頼する。
＊２　代理店の担当者を連れて顧客のところへ行く。
＊３　パンフレットが出来上がってから代理店へ行
　　く。

7　男性が「ブラック企業」について話していま
　　す。この話を聞いてください。
ーーーーーーーーーーーーーーーーーーーーー
男：「ブラック企業」という言葉は2000年代半ばに使
　　われ始めました。社員に対して違法で悪質な行為
　　を行う会社のことを指します。具体例を挙げると、
　　長時間労働や過剰なノルマを課し社員を徹底的に
　　働かせる、タイムカードを改ざんし賃金を法律通
　　りに支払わない、また新入社員を大量に採用した
　　のち必要な人材だけを残し大部分を辞めさせる、
　　といったことです。こうした会社で働く若者の中
　　には、無理して働き続けた結果、心身の健康を害
　　してしまい、自殺に追い込まれる人もいます。か
　　つての日本企業は、社員の長時間労働を良しとし、
　　猛烈な働き方を求めるところもありました。しか
　　しその半面、終身雇用や年功序列賃金などで社員
　　の暮らしを保障し、社員をじっくり育てる風土が
　　ありました。現在のブラック企業と呼ばれる会社
　　にはそういった面がなく、社員をモノ扱いする点
　　が批判されているのです。
ーーーーーーーーーーーーーーーーーーーーー
問題５３　男性はどんな会社について話しています
　　　　　　か。
＊１　違法な商売を行う会社
＊２　社員を大切に扱わない会社
＊３　新しく立ち上げたITの会社

問題５４　「ブラック企業」の説明として、どんな
　　　　　　具体例を挙げていますか。
＊１　過剰なノルマを課して働かせる。
＊２　新入社員に仕事を与えすぎる。
＊３　規定以上の賃金を払い、休みなく働かせる。

問題５５　昔の日本企業について、話の内容と合っ
　　　　　　ているのはどれですか。
＊１　能力に応じた賃金が支払われていた。
＊２　長時間労働による自殺者が多かった。
＊３　社員の雇用が保障されていた。

これで聴解試験を終わります。

J.TEST実用日本語検定（A-C）

日本語検定協会

◆ 名前をローマ字で書いてください。
Write your name in roman letter.

名前
Name

◆ 漢字名がある人は、漢字で名前を書いてください。
Write your name in Kanji if you have.

名前（漢字）
Name（Kanji）

◆ 受験番号を書いてください。
Write your Examinee Registration Number below.

◆ 下のマーク欄に受験番号をマークしてください。
Mark your Examinee Registration Number below.

受 験 番 号
Examinee Registration Number

⓪①②③④⑤⑥⑦⑧⑨

注意【Note】

1. えんぴつ（HB〜2B）でマークしてください。
   Use a black soft(HB〜2B/No.1 or No.2) pencil.
2. 書きなおすときは消しゴムできれいに消してください。
   Erase any unintended marks completely.
3. きたなくしたり、おったりしないでください。
   Do not soil or bend this sheet.
4. マーク例 Marking Examples.

よい例 Correct ●

わるい例 Incorrect ⊘ ⊗ ⊖ ⊕

◇ 読解・記述【Reading／Writing】

（設問 1〜75、選択肢 ①②③④）

76〜100のこたえは
うらに書いてください。

Write the answers
from No.76 to No.100
questions on the
back of this sheet.

◇ 聴解【Listening】

（れい1、れい2、設問 1〜55）

◇ 76〜100のこたえを書いてください。

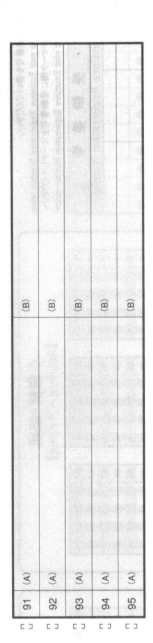

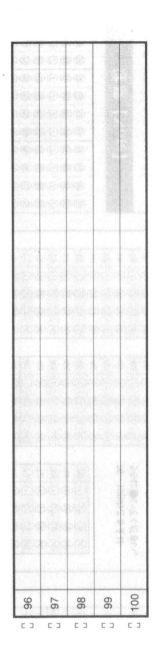

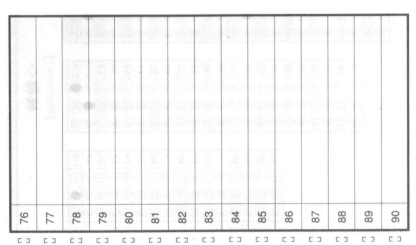

J. TEST 実用日本語検定 問題集[A-Cレベル]2020年

2021年 6月 25 日　初版発行
＜検印廃止＞

著　者　日本語検定協会／J. TEST事務局
発行者　秋田　点
発　行　株式会社語文研究社
〒136-0071　東京都江東区亀戸1丁目42-18　日高ビル8F
電話　03-5875-1231　　FAX　03-5875-1232

販　売　弘正堂図書販売株式会社
〒101-0051　東京都千代田区神田神保町 1-39
電話　03-3291-2351　　FAX　03-3291-2356

印　刷　株式会社大幸